SIMON &
SCHUSTER

LIBROS EN
ESPAÑOL

Hal Urban

Las grandes lecciones de la vida

Aprendiendo lo que es realmente importante a partir de la experiencia

LIBROS EN ESPAÑOL
PUBLICADO POR SIMON & SCHUSTER
NUEVA YORK   LONDRES   TORONTO   SÍDNEY

Simon & Schuster
S&S Libros en Español
A Division of Simon & Schuster, Inc.
1230 Avenue of the Americas
New York, NY 10020

Primera edición de Simon & Schuster Libros en Español, enero 2008

SIMON & SCHUSTER LIBROS EN ESPAÑOL y su colofón son sellos editoriales registrados de Simon & Schuster, Inc.

Para obtener información respecto a descuentos especiales en ventas al por mayor, diríjase a Simon & Schuster Special Sales al 1-800-456-6798 o a la siguiente dirección electrónica: business@simonandschuster.com.

Impreso en los Estados Unidos de América

10 9 8 7 6 5 4 3 2

ISBN-13: 978-1-4165-5156-0
ISBN-10:   1-4165-5156-5

Para Dan, Mark y Mike

Cuando eran mucho más jóvenes, tuvimos que vivir separados durante dos años. Cada semana les escribía una carta para decirles lo mucho que los amaba y que quería lo mejor para ustedes. También escribía sobre las cosas que quería que supieran. Luego volvieron a casa y ya no tuve que redactar más cartas.

Ahora que son mayores y volvemos a vivir separados, he escrito otra carta: este libro. Lo he hecho porque todavía son jóvenes y aún son mis hijos. Todavía los amo y quiero lo mejor para ustedes. Y las cosas que quiero que sepan siguen siendo las mismas.

Con amor,

PAPÁ

La vida es una sucesión de lecciones que deben ser vividas para comprenderlas.

RALPH WALDO EMERSON

Todas las grandes verdades son sencillas en un análisis final y deben ser fácilmente comprendidas; si no es así, es que no son grandes verdades.

NAPOLEÓN HILL

Índice

Prefacio

Una breve historia de *Las grandes lecciones de la vida*

Primera Edición

Este libro fue publicado originalmente en 1992 bajo el título de *20 Cosas que quiero que mis hijos sepan*. Como padre y maestro, deseaba hacer llegar mi mensaje a la gente joven que me rodeaba constantemente. A mis tres hijos, que por entonces estaban en la veintena y en la fase temprana de la carrera de la vida, a los jóvenes adultos a los que enseñaba en la universidad y a mis estudiantes de instituto. Yo los consideraba a todos «mis hijos» y quería poner por escrito lo que había estado intentando enseñarles durante muchos años.

El libro funcionó sorprendentemente bien considerando que fue escrito por un autor primerizo y sin nombre. Se agotó la primera edición y sumó gran cantidad de seguidores a través del fenómeno conocido como «boca-oreja». Me complació que mi mensaje llegara a tantas personas y creciera en popularidad. Luego el editor dejó de publicarlo.

Segunda Edición

Al cabo de pocos meses empecé a recibir cartas y llamadas telefónicas de gente de todo el país instándome a volver a publicar el libro. Me complació especialmente que muchas de esas personas fueran líderes de la comunidad de negocios. Me sugerían que eliminara la palabra «hijos» del título porque para ellos el libro era un mensaje intemporal para personas de todas las edades. Siguiendo esta sugerencia, volví a publicar el libro por mi cuenta en 1997. Cambié el título y le puse *Las grandes lecciones de la vida,* volví a redactar la introducción e hice unos cuantos cambios pequeños en todo el texto. Quedé sorprendido ante lo que sucedió. El libro lo compró más gente de la que yo podía haber imaginado jamás y luego lo pasaron a sus amigos, familiares y colegas. Muchos de ellos volvieron varias veces a adquirir copias adicionales. Luego escuelas, facultades y otras organizaciones empezaron a adquirirlo en grandes cantidades y comenzaron a llegar pedidos considerables procedentes de librerías. La noticia corrió como la pólvora y a mí me encantó compartir mi mensaje con un número cada vez mayor de lectores.

Tercera Edición

En el año 2000 volví a actualizar el texto y la cubierta. El aumento de popularidad de mi pequeño libro, editado por mí mismo, seguía sorprendiéndome y llenándome de satisfacción. Cartas, llamadas telefónicas y e-mails procedentes de estudiantes (desde el instituto a la universidad) y de adultos de todas las edades, seguían llegándome constantemente. Ese mensaje mío tan sencillo y anticuado respecto a la bondad humana, parecía estar tocando la fibra sensible de las personas donde más falta les hacía. Más o menos en la misma época, el movimiento de *Character Education* que había empezado a principios de la década de 1990, estaba creciendo de forma significativa y empecé a recibir invitaciones para hablar no sólo ante profesores, padres y estudiantes, sino también en empresas, organizaciones de servicio e iglesias. El buen carácter –y el libro– estaban volviendo con fuerza. El resultado fue que mi vida empezó a cambiar de una manera espectacular. Equilibrar mi trabajo de profesor, el de orador y las gestiones de la venta del libro se habían convertido en un reto diario. Tenga presente que en esa época todos los libros se enviaban desde mi domicilio, ya que el garaje servía de almacén y mi oficina era la de embalaje y expedición.

La nueva edición

En agosto del 2000, *Las grandes lecciones de vida* ganó un premio nacional de la revista *Writer's Digest* para obras editadas por los mismos autores y fue seleccionado como libro inspirador del año. Eso me trajo ofertas de distribuidores, agentes literarios, mayoristas y editores. Al mismo tiempo, un número creciente de lectores me instaba a que le diera al libro mayor profundidad y una visión más amplia. Algo tenía que cambiar, pero yo no estaba seguro de qué dirección tomar. Lo que más necesitaba era consejo experto.

La respuesta a mis plegarias llegó con Joe Durepos, que es un agente literario en el área de Chicago. Él se encontraba en el lugar adecuado en el momento justo. La integridad es algo que siempre se nota y yo supe inmediatamente que podía confiar en que Joe me conduciría en la dirección adecuada. Y así lo hizo. Me presentó a Simon & Schuster, la editorial que había publicado *The Book of Virtues*, *The Road Less Traveled* y *Los 7 hábitos de personas altamente eficaces*, entre otros. Para decirlo lisa y llanamente, me gustó esa gente, tuve fe en ellos, me encantó el entusiasmo que sentían por mi mensaje y me sentí honrado de convertirme en uno de sus autores.

Un deseo especial

Cuando trabajo y hablo a lo largo y a lo ancho de los Estados Unidos y en otros países, me encuentro con que la gente se muestra entusiasmada e incondicionalmente de acuerdo en uno de mis puntos más importantes: que el buen carácter es la base de una buena sociedad. Al leer este libro, confío en que pase usted a formar parte del movimiento creciente en favor de que volvamos a ser una sociedad conocida por su urbanidad, su cortesía, sus virtudes y una bondad anticuada. Ojalá se convierta usted en un colega poderoso que transmita las lecciones sensacionales de la vida.

Hal Urban

Si alguien le ha regalado este libro

La persona que le ha regalado este libro se preocupa y quiere lo mejor para usted. Eso es lo que hacen los amigos y los miembros de la familia. Queremos transmitir las lecciones tan sensacionales que la vida nos ha enseñado. Este libro contiene algunas de esas lecciones. Se lo han ofrecido como obsequio junto con la esperanza y el ruego de que le ayude a pensar y a comprender mejor el verdadero significado del éxito. Por favor, acéptelo con ese espíritu y páselo a otras personas.

Este es un libro sobre lo que es bueno –en la vida y en la gente– especialmente en usted. Trata de los recursos internos que tiene pero es posible que no esté utilizando. Habla de la manera de aprovechar su potencial para convertirse en la mejor persona que puede ser y de disfrutar la vida plenamente.

Eso es lo que la persona especial que le regaló este libro quiere para usted.

Un buen libro es el mejor de los amigos y sigue siendo igual, hoy y siempre.

MARTIN TUPPER

Introducción

Escribí este libro por cuatro motivos:

1. Porque nunca se es demasiado joven o demasiado viejo para aprender las principales lecciones de la vida... y el momento siempre es el adecuado

Hacía treinta y cinco años que era profesor y había disfrutado de cada minuto. Tenía lo mejor de todos los mundos. Daba clases a chicos en un instituto público, a adultos en una universidad de los jesuitas y hablaba con frecuencia a niños de niveles escolares elementales y medios. Hace mucho tiempo descubrí que sin que importe la edad, las personas están ansiosas de aprender acerca de la vida más profundamente para vivirla más plenamente. Las cartas y e-mails que recibo de niños, adolescentes, adultos y ancianos me lo confirman casi a diario.

San Ignacio de Loyola, uno de los mejores educadores del mundo, dijo una vez que sólo aprendemos cuando estamos preparados para aprender. Durante mi vida no he experimentado nunca un período como el presente, en que son tantas las personas que no sólo están abiertas a aprender, sino a volver a examinar sus valores y prioridades. Después de disfrutar de un período sostenido de adelantos tecnológicos y económicos sin precedentes, nuestro mundo ha sido sacudido. El fenómeno del «punto com» explotó, el mercado de valores y la economía cayeron en picada, los acontecimientos del 11 de septiembre del 2001 nos llenaron de pena y nos hicieron recordar nuestra vulnerabilidad, y el escándalo Enron aun nos dejó más conmocionados y desalentados.

Como persona que ha estudiado y enseñado historia durante muchos años, sé que en última instancia las épocas difíciles hacen que aflore lo mejor de nosotros. Cuando la gente empieza a hacerse preguntas respecto a qué es importante de verdad, acostumbra a encontrar las respuestas correctas. Me siento complacido y honrado de que mi libro ayude en ese proceso.

2. Porque en la escuela no enseñan ni «cómo funciona la vida» ni «lo que es esencial»

Nuestras escuelas, en su mayor parte, hacen un trabajo sensacional. A partir del primer grado hasta llegar a las facultades, ofrecen multitud de cursos cuyo resultado es la obtención de un mayor conocimiento y de unas habilidades valiosas. Pero en su curriculum falta algo. No enseñamos a nuestros estudiantes cómo es la propia vida, cómo funciona o qué es lo esencial y todo ello nunca ha hecho tanta falta como ahora.

Tenemos necesidad de algún lugar que no sea la proverbial «escuela de los golpes duros o de los reveses» en el cual adquirir las herramientas adecuadas para tener éxito en la vida. Necesitamos ayuda para desarrollar las actitudes y habilidades necesarias para establecer unas relaciones satisfactorias, para fijar y alcanzar unos objetivos personales y para saber cómo apreciar nuestro propio valor.

Como educador he sentido esta necesidad durante muchos años. Pero mis súplicas han caído en oídos sordos. Los administradores o directores estaban más preocupados por las notas de los exámenes y por los presupuestos. Ayudar a nuestros estudiantes a desarrollarse hasta convertirse en unos seres humanos buenos no parecía ser responsabilidad de la escuela, así que escribí este libro para llenar un vacío, para ayudarnos a nosotros mismos y a nuestros chicos a comprender lo que es importante, lo que es tener un buen carácter y lo que significa tener éxito en la vida.

3. Porque la mayoría necesitamos ayuda para descubrir lo buenos que podemos ser

Hace unos pocos años, mientras asistía a una conferencia, oí cómo un psicólogo decía que cuando una persona llega a los dieciocho años, él o ella han sido humillados más de cien mil veces. No sé cómo llegó a esa cifra, pero no me sorprendió. La verdad es que *es cierto* que nos rebajan o humillan demasiado. Empieza a una edad muy temprana, procede de toda una variedad de fuentes y sigue hasta muy entrada la edad adulta. Además, los medios de información nos dicen cada día lo que va mal con el mundo y su gente. Estas andanadas diarias de cosas negativas cobran su peaje. Cuanto mayor es la frecuencia con que oímos una cosa, mayor es la probabilidad de que la creamos.

Mi propósito no es el de examinar el *por qué* sucede así, sino sencillamente destacar que se trata de una de las desafortunadas verdades de la vida. Escribí este libro porque creo que necesitamos ayudar para concentrarnos en la otra parte de la humanidad. Resulta que yo creo que la abrumadora mayoría de la gente en el mundo cumple la ley, es cariñosa y se preocupa por los demás. Lo que sucede es que eso no recibe publicidad alguna porque ser bueno no es un motivo para salir en las noticias. También creo que la mayoría de nosotros nos subestimamos. Tenemos buenas cualidades de las que no somos conscientes, tenemos unos recursos internos que no hemos descubierto y tenemos oportunidades con las que nunca nos hemos atrevido a soñar. Confío en que este libro haga salir a la luz unas cuantas cosas positivas en un mundo que parece que se complace en lo negativo. Encontrar lo que hay de bueno en la vida puede ser uno de nuestros mayores goces y alegrías.

4. Porque la verdad chapada a la antigua jamás pasa de moda... incluso con una nueva generación

Alrededor de un año antes de que escribiera el primer borrador de este libro, di una charla llamada «El verdadero significado del éxito» ante un grupo de estudiantes universitarios. Empecé por resaltar algunos de los mensajes con que nos bombardean constantemente. Quería que supieran que el mío sería exactamente el opuesto. Así que empecé por decirles lo que yo *no tenía*. No tenía ningún «secreto» para alcanzar el éxito, ninguna «fórmula mágica» para disfrutar de una felicidad completa, ninguna «técnica nueva y asombrosa» para alcanzar cualquier anhelo, ninguna manera «rápida y fácil» de hacerse rico y poderoso y ningún método «único» para conseguir todo lo que queremos.

Ese día, en lugar de eso les hablé de valores tan tradicionales y consagrados por el tiempo como el respeto, la amabilidad, la honestidad, el aprecio, el deseo, el trabajo duro, la dedicación y ser, sencillamente, una buena persona. Lo que intentaba decirles era que no existe ningún atajo, ninguna manera fácil ni ningún método nuevo para alcanzar el verdadero éxito. Uno tiene que ganárselo por uno mismo.

Me quedé sorprendido y complacido de que fueran tantos los que se quedaron al terminar la charla. Uno de ellos dijo: «Usted sabe, en realidad no ha dicho nada que no haya oído antes, pero lo dice de un modo que tiene mucho más sentido. Realmente ha arrojado luz nueva sobre algunas verdades viejas». Luego un miembro de mayor edad de la facultad que se había acercado, dijo: «Gracias. Todos necesitábamos que nos recordaran lo que es importante de verdad». Allí había un joven que acababa de empezar en la universidad y un hombre mayor que estaba terminando su carrera y que me decían lo mismo. ¡Nadie puede imaginarse lo que les aprecié en ese momento! Me ayudaron a decidir que *tenía* que escribir este libro.

Sobre las 20 cosas

¿Por qué 20? Bueno no hay ninguna razón especial. Probablemente sea porque treinta son demasiadas y diecinueve no suena bien. Veinte resultó ser un número bonito y redondo que encajaba con lo que yo tenía que decir. No afirmo que *sólo* haya veinte cosas que tengamos que saber, sólo que son algunas de las más valiosas. Son veinte cosas que yo hubiera deseado conocer cuando era más joven, pero no fue hasta que estaba al final de mi treintena cuando averigüé cómo funciona la vida. Es posible que esas veinte cosas ayuden a alguna otra persona que todavía está intentando averiguarlas. En realidad, necesitamos hacer más que limitarnos a comprenderlas. Conocerlas es una cosa y aplicarlas otra muy diferente. Como nos dice un antiguo proverbio chino:

Oigo... y olvido
Veo... y recuerdo
Actúo... y comprendo

Las grandes lecciones de la vida

Capítulo 1

Tener éxito es mucho más que ganar dinero

Tener éxito significa hacer lo mejor que podemos con lo que tenemos.
El éxito está en hacer, no en conseguir –en el intento, no en el triunfo.
WYNN DAVIS

El descubrimiento más importante de la vida

Tenía treinta y nueve años cuando comprendí por vez primera lo que significaba tener éxito. Que ¿qué es lo que hice? ¿Convertirme en director general de una multinacional? ¿Irme a mi casa conduciendo mi primer Mercedes? Llevarme a casa el gran premio de «¿Quiere ser millonario?». Nada de eso. Me limité a percibir un sencillo y, sin embargo, profundo descubrimiento. Descubrí el modo en cómo funciona la vida y cuáles son sus cosas esenciales. Después de años de no caer en la cuenta, empecé a comprender lo que significa tener éxito en la vida y cómo hacerlo. Con este descubrimiento llegaron a mí dos cosas que siempre se me habían escapado: una sensación de paz interior y cómo reconocer mi propio valor. Y lo mejor de todo es que empecé a disfrutar de la vida mucho más de lo que lo había hecho nunca antes.

¿*Cuál* fue este gran descubrimiento? ¿Existe realmente una fórmula para tener éxito? Estoy convencido de que sí, pero no va a encontrarla envuelta en un bonito y bien hecho paquete, ni va a verla anunciada en televisión. No es nueva, no es un secreto y no tiene nada de mágica. Por lo tanto, no se venderá. Es demasiado vieja, demasiado sencilla y demasiado inocente. Pero funciona.

Después de años de estudiar historia, filosofía y psicología, me di cuenta de que la vida y el éxito pueden reducirse a algunos principios fundamentales que han corrido por ahí durante miles de años. Después de seguir varios caminos diferentes en busca de «la buena vida», volví a terminar donde había empezado y con lo que yo llamo ahora, verdades a la antigua usanza. Tal como Edward Albee dice en su obra *The Zoo Story*, «... a veces es necesario apartarse muchísimo del camino para poder volver un poco atrás, correctamente».

Este libro ¿contiene esa fórmula? ¿La encontrará usted dentro de las «20 cosas»? Confío en que sí. Creo honestamente que si aplica estos principios antiquísimos de manera constante, comprenderá, a la vez que experimentará, el verdadero significado del éxito. Un proverbio sueco nos dice que envejecemos con demasiada rapidez y tardamos demasiado en ser inteligentes. Puede que no *tenga* que ser así. Puede que mi libro le ayude a ser inteligente más pronto de lo que lo sería usted. E incluso si es más viejo, nunca es demasiado tarde para aprender. La gente más inteligente del mundo es aquella que sabe cómo ser feliz.

El éxito y el dinero

Parece que no somos capaces de decidir si el dinero es bueno o malo. Cuando se describe a alguien como una persona de éxito eso acostumbra a querer decir que es rico/a, así que debe ser bueno. Pero se dice que el dinero no puede comprar la felicidad, así que debe ser malo. La gente rica contribuye con grandes sumas al año a causas meritorias, así que es bueno. Pero ¿no hemos oído decir que el dinero es el origen de todo mal? Eso vuelve a ser malo. La gente que no es rica critica a la que lo es, pero le encantaría serlo. Así que, ¿es bueno o es malo?

No es ninguna de las dos cosas. Pero como vivimos en una sociedad que acostumbra a equiparar el dinero con el éxito hay que examinar esta situación. Algunos de los mitos sobre el éxito y el dinero tienen que ser aclarados y colocados en una perspectiva adecuada. Deseo insistir en dos cosas respecto al dinero:

1. El dinero no es malo

¿Dice realmente la Biblia que el dinero es el origen de todo mal? No. Dice que el *amor* al dinero es el origen de todo mal, lo cual es muy diferente. El dinero no tiene nada de malo, y querer tenerlo no tiene nada de reprochable, como tampoco no hay nada de malo en tenerlo, incluso en grandes cantidades. La clave está en la manera cómo lo ganamos y en lo que hacemos con él. Si se adquiere honestamente y se gasta bien, el dinero puede ser un recurso para hacer mucho bien. ¿Puede comprar la felicidad? El que fuera que dijo que no podía es probable que no tuviera suficiente. En realidad, puede comprar muchísima más felicidad que la pobreza. Creo que Pearl Balley lo describió mejor cuando dijo: «Cielo, he sido pobre y he sido rica y permíteme que te diga que ser rica es mejor». Y probablemente es mejor en la mayoría de los casos. Ser rico no tiene nada de ilegal ni de inmoral, pero no lo es todo.

2. El dinero no lo es todo para tener éxito

Durante la década de 1980 leíamos y oíamos constantemente que había muchísima gente que estaba consiguiendo hacerse millonaria... y que muchos millonarios se estaban haciendo multimillonarios. Algunas de las personas más celebradas de esa época fueron luego a la cárcel. Ivan Boesky, uno de los magos financieros de aquel momento, llegó incluso tan lejos que dijo: «La codicia es buena». Lo dijo unos cuantos meses antes de ser procesado. A él no le importaba nada decir en público lo que muchas personas pensaban en privado: que el éxito y la riqueza son sinónimos.

Ahora volvemos la vista atrás y consideramos la búsqueda de la riqueza de la década de 1980 como algo suave. No fue más que un calentamiento para los meteoros del «punto com» y del mercado de valores de la década de 1990. Nos enterábamos casi cada día de quiénes eran los nuevos «multimillonarios instantáneos» e innumerables personas ponían en peligro su salud, sus relaciones y sus recursos para unirse a esas filas. Y con demasiada frecuencia, la ética y algunos de los valores más atesorados pasaron a ocupar un segundo lugar frente a la riqueza y al estilo de vida correspondiente.

El escándalo de Enron, que todavía se sigue destapando cuando escribo esto, es un ejemplo perfecto. La empresa y sus ejecutivos estaban en la cima del mundo, pero fueron derribados por la manera cómo llegaron ahí. Ahora su imperio está en ruinas. Y a causa de lo que la revista *Newsweek* llama «la avaricia de los ejecutivos» y al «carácter distintivo codicioso y de jugarse el todo por el todo» del mundo corporativo, miles de empleados e inversionistas inocentes perdieron sus trabajos y gran parte de los ahorros de toda su vida.

Eso es lo que sucede cuando perdemos la perspectiva respecto al dinero. La vida se distorsiona. No se trata únicamente de los que fueron a la cárcel en 1980, o de los que quebraron en los 1990, o de los que a principios del 2000 se perdieron en la persecución del dólar todopoderoso. Muchos de aquellos que amasaron grandes cantidades de dinero legalmente y que consiguieron conservarlo siguen acabando sin nada. El Tom Peters Group llevó a cabo amplias entrevistas a miles de ejecutivos de negocios durante este período y casi la mitad de ellos manifestaron que a pesar de los años que se habían pasado luchando por alcanzar sus objetivos financieros, sus vidas parecían «vacías y sin sentido». El sesenta y ocho por ciento de los altos ejecutivos entrevistados dijeron que habían descuidado sus vidas familiares para ir en pos de objetivos profesionales.

Se trata de personas que tenían dinero, propiedades, poder y status. ¿Por qué no eran felices? Porque conseguir esas cosas no es lo mismo que tener éxito. Habían perdido de vista lo que era esencial. Se volvieron adictos, esclavos de las enormes cantidades de dinero y de las cosas que le acompañan. Y en el proceso perjudicaron sus propias vidas así como las de otras personas. El éxito es mucho más que ganar dinero. Exagerar su importancia es estafarnos a nosotros mismos de las demás cosas que hacen que la vida sea mucho más interesante, gratificante y con sentido.

¿*Qué* significa tener éxito?

El gran filósofo Thomas Carlyle escribió una vez: «Dejemos que cada uno se convierta en todo aquello a lo que fue creado». No puedo pensar en una definición mejor del éxito. La vida nos desafía cada día a desarrollar plenamente nuestras capacidades. Tenemos éxito cuando intentamos alcanzar lo más alto que hay en nuestro interior. Cuando damos lo mejor que tenemos.

La cita que se ofrece al principio de este capítulo puntualiza que el éxito está *en hacer, no en conseguir*, y no me cansaré de recalcar este punto. La vida no nos exige que acabemos siempre en la cumbre, únicamente nos pide que hagamos lo mejor que podamos en cada situacíon. A continuación encontrará lo que la gente que tiene éxito *hace* en algunas de las áreas más importantes de la vida:

• Las personas que tienen éxito aceptan la vida tal como es, con todas sus dificultades y retos. Se adaptan a ella en lugar de quejarse de ella. Aceptan la responsabilidad de sus propias vidas en lugar de echarle la culpa a otras personas o acontecimientos o de poner excusas. Dicen SÍ a la vida a pesar de sus aspectos negativos y le sacan el mayor partido, sean cuales sean las circunstancias.

• Las personas que tienen éxito desarrollan y mantienen una actitud positiva hacia la vida. Buscan lo bueno en los demás y en el mundo y habitualmente parecen encontrarlo. Ven la vida como una serie de oportunidades y de posibilidades y siempre las exploran.

• Las personas que tienen éxito establecen buenas relaciones. Son sensibles a las necesidades y sentimientos de los demás. Son consideradas y respetuosas. Saben cómo sacar lo mejor de los otros.

• Las personas que tienen éxito tienen un sentido de la dirección y del propósito, o sea, saben a dónde se dirigen. Establecen objetivos, los alcanzan y establecen unos nuevos. Aceptan y disfrutan con los desafíos.

• Las personas que tienen éxito manifiestan un fuerte deseo de aprender: sobre la vida, el mundo y ellos mismos. Consideran el aprender como una alegría y un placer, no un deber. Enriquecen continuamente sus vidas aprendiendo cosas nuevas y mejorándose a sí mismas. Están siempre descubriendo, siempre creciendo.

• Las personas que tienen éxito están orientadas a la acción. Consiguen hacer las cosas porque no tienen miedo al trabajo duro y no pierden el tiempo. Lo utilizan de manera constructiva. No se quedan estancadas o se aburren porque están demasiado ocupadas buscando experiencias nuevas.

• Las personas que tienen éxito tienen unos estándares muy altos en cuanto a su conducta personal. Saben que la honestidad es uno de los ingredientes principales en el condicionamiento de una buena persona. Siempre dicen la verdad, tanto en su vida pública como privada.

• Las personas que tienen éxito comprenden la diferencia entre existir y vivir y siempre eligen lo segundo. Sacan el mayor partido de la vida porque le dedican lo máximo, o sea, que recogen lo que han sembrado y disfrutan de la vida plenamente.

Nuestro potencial para el verdadero éxito

En la actualidad, en nuestra sociedad hay gran cantidad de personas que nunca utilizan todo su potencial. Es posible que su entorno no estimule dicho potencial, o puede que, de hecho, impida su desarrollo y crecimiento. Nuestra fuerza, creatividad y crecimiento como sociedad dependen de nuestra capacidad para desarrollar los talentos y las potencialidades de nuestra gente.

JOHN GARDNER

Durante muchos años tuve esta cita, escrita con letras grandes, pegada en una pared de mi clase. Servía de recordatorio, tanto a mí como a mis estudiantes, de que tenemos más cosas que hacer realidad. John Gardner es un antiguo secretario de sanidad, educación y bienestar, el fundador de Common Cause y autor de varios libros. En *Excellence* escribe que somos demasiados los que nunca llegamos a desarrollarnos plenamente a causa de las influencias de nuestro entorno. Y yo estoy de acuerdo. Nos bombardean con demasiados mensajes que no tienen nada que ver con el verdadero éxito y se nos incita a encontrar una solución rápida en lugar de buscar en nuestro interior, entre nuestros propios recursos. Y si no miramos, no lo encontramos y nuestras capacidades permanecen ocultas. Acabamos por ver limitaciones en lugar de posibilidades.

Pero todo esto tiene un aspecto positivo, y una vez que seamos conscientes de él podemos hacer algo al respecto. Ese es el motivo de que tenga otra cita colocada al lado de la anterior:

La buena noticia es que la mejor época de su vida puede estar aún por llegar, sea cual sea su edad o sus circunstancias –si decide usted que así sea–, porque el 90 por ciento de su potencial no sigue estando todavía desaprovechado y sin utilizar, sino también sin descubrir. ¡Y eso no es sólo una buena noticia, es una noticia increíble!

TIM HANSEL

Tim Hansel es un aventurero, un orador, autor de seis libros, y un hombre que exprime cada día todo el jugo que puede a la vida. También es un antiguo colega y un querido amigo. Hace treinta años, cuando dábamos juntos una clase de psicología insistíamos constantemente a nuestros estudiantes para que miraran dentro de sí, a fin de que descubrieran lo que había de bueno y reconocieran la cantidad de potencial que tenían. Les animábamos a *ser* más y a *hacer* más. ¡Sorpresa! Tenían dieciocho años y nunca antes habían oído cosas como esas.

Alrededor de un año después empecé a presentar el mismo reto a mis estudiantes de la Universidad de San Francisco. La mayoría tenían treinta y cuarenta años y algunos eran aun mayores. ¿Y sabe qué? Tampoco nadie les había enseñado nunca nada respecto a su potencial. Una noche, al final de una sensacional discusión en clase sobre este tema, una mujer de cuarenta y siete años de edad pareció resumir las cosas cuando dijo: «Sabe, usted tiene razón. Nos pasamos demasiado tiempo manteniendo las apariencias y *no* parecemos darnos cuenta de nuestro potencial». Pero tal como Tim nos recuerda en su cita, el hecho de que sigamos sin descubrir tanto de nosotros es una buena noticia. Ese es uno de los mensajes principales de este libro. Tanto si es usted joven como mayor, tanto si tiene una educación elemental como un doctorado en filosofía, siempre podemos aprender más respecto al potencial para convertirnos en la persona que estábamos destinados a ser. Si buscamos en nuestro interior, encontraremos todos los recursos que necesitamos para tener éxito de verdad.

La única finalidad de la vida es ser lo que somos y convertirnos en aquello en que somos capaces de convertirnos.

ROBERT LOUIS STEVENSON

Capítulo 2

La vida es dura... y no siempre justa

La vida es una serie de problemas. ¿Queremos lamentarnos por ellos o solucionarlos?

M. Scott Peck

Una de las lecciones más valiosas de la vida

La vida no siempre transcurre del modo que nos gustaría. Si nos saliéramos con la nuestra sería más fácil, siempre justa y más divertida. No habría dolor ni sufrimiento, no tendríamos que trabajar y tampoco habríamos de morir. Seríamos felices todo el tiempo. Desgraciadamente, no nos salimos con la nuestra sino que lo que enfrentamos es la realidad. Pero la realidad es una gran maestra que nos ayuda a aprender, a pesar de que a menudo de una manera lenta y dolorosa, algunas de las lecciones más valiosas de la vida. Una de ellas es la siguiente: *El mundo no se dedicará a hacernos felices.*

Nos guste o no, esta es una de las grandes verdades de la vida, una de nuestras primeras y más valiosas lecciones sobre la realidad. Los filósofos han estado discutiendo durante miles de años cuál es el motivo de que la vida transcurra del modo en que lo hace, pero eso no es cosa nuestra. Lo que sí lo es, es *el modo* en cómo funciona. Si no comprendemos y aceptamos la vida tal como es, seguiremos deseando otra cosa y nunca la conseguiremos. Seguiremos quejándonos y gimoteando por el modo en que deberían ser las cosas, pero que nunca serán. Es una de las lecciones más valiosas de la vida porque una vez que comprendamos que el mundo no se dedicará a hacernos felices, empezaremos a aceptar que eso es responsabilidad nuestra.

Alguien me preguntó: «¿Estás seguro de que quieres expresar estas ideas negativas cerca del inicio del libro?», pero es que yo no las veo como negativas y están cerca del principio porque son verdades básicas muy importantes. En todo caso, yo las veo como extremadamente positivas. Permítame que le dé un ejemplo: escribí este libro con un ordenador. Lo manejo ahora mucho mejor que cuando era nuevo y eso es porque dediqué tiempo a averiguar cómo funciona. No fue fácil (a pesar de que se supone que el ordenador es «amistoso con el usuario»), pero el esfuerzo, las equivocaciones e incluso la frustración, a la larga, valieron la pena. La vida es muy parecida a eso, en cuanto comprendemos cómo funciona sacamos mucho más de ella.

La vida es dura

¿Se ha fijado usted alguna vez en esa pegatina que llevan muchos automóviles que dice: «La vida es dura y luego vas y te mueres».? La primera vez que la vi me eché a reír, pero luego me pregunté *por qué* me reía. Debe haber sido el elemento sorpresa. Ahí tenía una de las más grandes verdades de la vida mirándome a la cara desde la parte trasera del auto de alguien. Era algo que yo podía haber esperado leer en un libro escrito por uno de los antiguos filósofos.

De hecho, *es* a uno de estos filósofos antiguos a quien se atribuye el haberla pronunciado por vez primera. Hace unos 2.500 años, Buda escribió lo que se llegó a conocer como las Cuatro Nobles Verdades. La primera fue: «La vida es sufrimiento». Es posible que haya sido el primero en escribirlo, pero sospecho que muchas personas ya se lo habían imaginado mucho tiempo antes de que él llegara. Hubiera sido difícil creer que los primeros habitantes del mundo tuvieron una vida más fácil. La vida es dura y difícil. Siempre lo ha sido y siempre lo será.

Las tres primeras palabras en el libro, altamente celebrado, del psiquiatra Scott Peck, *The Road Less Traveled* son «La vida es difícil». Peck dice que esta es una de las mayores verdades porque una vez que la comprendemos y la aceptamos podemos vivir de una manera más eficaz. En lugar de quejarnos y gimotear por nuestros problemas, podemos buscar maneras de solucionarlos. Una de las diferencias principales entre los que tienen éxito y los que fracasan puede encontrarse en la manera que tienen de enfocar las dificultades de la vida. Los fracasados intentan evitar sus problemas o bien soslayarlos. La gente que consigue el éxito los acepta y trabaja *a través* de ellos, incluso cuando eso conlleva un cierto sufrimiento.

Lo que da significado a la vida es este proceso de enfrentarnos directamente a nuestros problemas y buscar soluciones.

El problema de demasiadas personas, sin tener en cuenta para nada su edad, es que o bien no comprenden o no aceptan el hecho de que la vida implica una cierta cantidad de penurias y en lugar de ajustarse, luchan contra ella. Gruñen y se quejan, tanto ante ellos mismos como con los demás, respecto a la magnitud de sus problemas. Hablan como si sus dificultades fueran únicas y parece que creen que la vida es más fácil para el resto de los humanos. Quejarse no consigue que los problemas desaparezcan, sino que sólo logra empeorarlos, ya que tiene un efecto magnificador. Quejarse es un intento de descargar nuestros problemas sobre otras personas, una manera de negarnos a aceptarlos como una condición necesaria de la vida.

No hace mucho tiempo me tropecé con un antiguo estudiante que ahora ya tiene algo más de veinte años. Después de contarme lo que había estado haciendo, añadió: «Me alegro de haberle tenido como profesor». Naturalmente me sentí halagado, pero también curioso. Siempre me pregunto qué es lo que recuerdan los alumnos unos años después de haber estado en una de mis clases. Así que le pregunté el motivo, y con una sonrisa inteligente en su cara me respondió: «Porque la vida es dura». Me confesó que esa sencilla verdad le había ayudado a superar algunas etapas difíciles de su vida después de haber salido del instituto. Luego, me recordó la primera vez en que me había oído decir eso.

Durante su primer año en una de mis clases sobre Estudios Mundiales, yo había hecho un encargo especialmente difícil a mis estudiantes. Había advertido a los chicos que iba a pedirles que hicieran dos cosas que se suponía que los profesores no iban a pedirles a sus estudiantes que hicieran: pensar y trabajar. Después de unos cuantos gemidos afables se pusieron a trabajar, pero más o menos a la mitad alguien dijo: «Esto es difícil». Yo contesté del modo que siempre lo hago: «*La vida* es dura y difícil». Luego pasamos a tener una discusión maravillosa sobre filosofía, la vida, el trabajo, el dolor, la alegría y el éxito. Ahora, años más tarde, este antiguo estudiante probablemente no sabe cuál es la capital de Malasia, pero sí reconoce que la vida es dura y difícil. Y lo que aun es más importante, lo ha aceptado.

Una vez que aceptamos el hecho de que la vida es dura empezamos a crecer. Empezamos a entender que todos los problemas también son una oportunidad. Es entonces cuando ahondamos y descubrimos de qué estamos hechos y empezamos a aceptar los desafíos de la vida. En lugar de permitir que nuestras penurias nos derroten, les damos la bienvenida como una prueba de carácter. Las utilizamos como un medio para estar a la altura de la ocasión.

Al mismo tiempo, debemos comprender que la sociedad nos presiona diariamente con mensajes que son absolutamente lo opuesto. Para empezar, la tecnología nos ha proporcionado una manera de vivir en la que sólo tenemos que pulsar un botón. Podemos abrir la puerta del garaje, lavar los platos, grabar nuestros programas favoritos de televisión y pagar nuestras facturas sólo con pulsar los botones apropiados. Además, se nos dice una y otra vez que existe un modo rápido y fácil de hacerlo prácticamente todo. En los últimos días, he leído o he oído decir que se pueden perder treinta kilos, aprender a hablar un idioma extranjero con fluidez, convertirse en un nuevo personaje de moda en la radio, y ganar un millón de dólares en bienes raíces. Usted puede hacer todo eso en cuestión de días y con poco o ningún esfuerzo. Y los cerdos vuelan.

Esos anuncios nos rodean porque la gente que se dedica a la publicidad y a la mercadotecnia comprende muy bien el comportamiento humano. Sabe que la mayoría de las personas *no* aceptan que la vida es dura y difícil y seguirán buscando la manera «rápida y fácil». En el capítulo anterior, ya expongo que la gente que tiene éxito acepta la vida tal como es. Parte de ello consiste en comprender que las cosas que vale la pena conseguir no llegan de manera rápida o fácil. Siempre tienen un precio que hemos de pagar. Son el resultado del tiempo, el esfuerzo, el sacrificio y el dolor. Porque la vida es dura y difícil.

Y no siempre es justa

En 1981, Harold Kushner, que se describía como «herido por la vida», redactó un libro para otras personas que hubieran sido lastimadas, pero que se merecieran algo mejor. Eso, si la vida fuera siempre justa. El libro se llama *Cuando a las personas buenas les suceden cosas malas*. Se convirtió en uno de los títulos más leídos de la década de 1980. Es un clásico porque trata sobre una de nuestras preguntas más antiguas y más universales: «¿Por qué?» O mejor aun: «¿Por qué a mí?» Kushner tenía todos los motivos para hacer esa pregunta. A su hijo, Aaron, a la edad de tres años le diagnosticaron que tenía progeria, la enfermedad del envejecimiento rápido.

Su hijo sufría físicamente, su familia sufría emocionalmente y murió a la edad de catorce años. Tanto él como su familia se merecían algo mejor.

Desgraciadamente, la vida *no es* siempre justa. Esa es probablemente la verdad más dolorosa que tenemos que aprender y la más difícil de aceptar. A la gente buena *sí* le suceden cosas malas, en ocasiones le suceden a otras personas y en ocasiones a nosotros. Y parece, además, que siempre ocurre cuando menos se lo merece uno. Por añadidura, vemos que a personas que no se merecen cosas buenas sí les suceden. Tal como dice la Biblia, el sol sale sobre los hombres malvados y sobre los buenos y llueve por igual sobre los honestos y los deshonestos. No es, pues, de extrañar, que oigamos decir: «Eso no es justo». En ocasiones es muy difícil entender al mundo.

No quiero suponer ni por un segundo, que cuando la tragedia nos golpea tengamos que decir: «Bueno, así son las cosas» para luego seguir adelante alegremente con nuestras vidas. Nadie puede hacer eso. Pero en el otro extremo, tampoco podemos desear que nuestra existencia esté libre de dolor. Lo que sí podemos hacer es aprender a manejarlo de una manera más eficaz. Como dice otro amigo mío «El dolor es inevitable, pero la desdicha es opcional». Podemos evitar esa desdicha o tristeza si desarrollamos maneras constructivas de enfrentarnos al dolor que la vida nos presenta. Podemos tomar la decisión de que no vamos a permitir que nos destruya, que lo aceptaremos como una realidad de la vida y que incluso aprenderemos de ello.

Benjamín Franklin escribió: «las cosas que duelen, nos instruyen». Es posible que ese sea el motivo de que se afirme con frecuencia que algunas de las lecciones más dolorosas de la vida son también las más valiosas. Lo más importante que podemos hacer cuando nos hagan daño, tanto si es de forma física como emocionalmente, es encontrarle algún significado. El dolor nos enseña algo, pero tenemos que tener deseos de aprender del mismo. Cuando lo hagamos saldremos de él más sabios y más fuertes. Nuestro verdadero éxito en la vida será determinado, en gran manera, por lo bien que nos enfrentemos a la adversidad; tanto si huimos como si nos enfrentamos a ella, tanto si nos encogemos como si crecemos a partir de ella y tanto si nos rendimos como si triunfamos sobre ella.

Vivimos en un mundo imperfecto con otras personas imperfectas y nadie puede asegurarnos que nuestras vidas estarán libres de dolor o desengaños. Ni tampoco nadie puede prometernos seguridad o control total.

Pero no estamos solos y cada persona comparte la misma situación difícil o predicamento. Cada persona se encuentra con la injusticia y sufre el dolor y la pérdida que la acompañan. No es cuestión de *si* experimenta esas cosas, sino del *modo* en cómo las experimenta. La gente que tiene éxito en la vida no se escapa a la injusticia. Sólo aprende a aceptarla y a gestionarla de una manera más constructiva.

Puede que esa sea la razón de que sean tantas las personas que tienen la famosa Plegaria de la Serenidad, de Reinhold Nieburh, colocada en un lugar prominente en sus hogares y oficinas:

Dios mío concédeme...

- la serenidad para aceptar las cosas que no puedo cambiar,
- el valor para cambiar las cosas que puedo cambiar, y
- la sabiduría para poder distinguirlas.

El valor diario

Aquello en que nos convertimos no depende de las condiciones sino de las decisiones. Hay personas que se encuentran condicionadas y obligadas por circunstancias externas y cuando todo va bien se sienten de maravilla, pero se desmoronan cuando las cosas se tuercen. Parece que admitan que las estrellas, las hadas, los dioses, los vientos u otras cosas más allá de su control, sean las que determinan sus vidas. Lo que no parecen ser capaces de comprender es que cuando nos enfrentamos a unas condiciones miserables, también nos enfrentamos a una decisión que es la de rendirnos a ellas o de plantarnos y dar la cara.

Plantarse ante algunas de las duras realidades de la vida exige valor. Winston Churchill consideraba el valor como un punto de partida. Decía: «El valor es la primera de las cualidades humanas porque es la cualidad que garantiza todas las demás». No se refería sólo al valor a gran escala –ese que se asocia a las personas famosas y a los acontecimientos importantes– sino al coraje de cada día. Nadie nace con él, ni él tampoco exige unas características excepcionales. El valor, más que cualquier otra cosa, es una decisión. La de ahondar y buscar nuestro carácter para encontrar una fuente de fuerza cuando la vida nos frustra. Es la decisión que hemos de tomar si queremos ser plenamente humanos.

Muy poco antes de morir, al gran teólogo Paul Tillich, le pidieron que comentara el tema central de su libro y que explicara el significado del valor diario. Tillich dijo que el valor verdadero consiste en decirle «sí» a la vida, a pesar de todas las dificultades y el dolor que forman parte de la existencia humana. Dijo que se necesita valor, cada día, para encontrar algo que al final sea positivo y que tenga sentido respecto a la vida y a nosotros mismos. Cuando somos capaces de hacer eso, no sólo aceptamos la vida más plenamente, sino que empezamos a vivirla más plenamente. «Amar la vida puede que sea la forma más elevada de valor que existe».

La vida es dura y difícil... y no siempre es justa. Pero eso no significa que no pueda ser buena, gratificante y que podamos disfrutarla. Siguen existiendo un montón de razones para decirle «sí» a la vida.

Si me pidieran que diera lo que yo considerara el consejo más útil para toda la humanidad, sería el siguiente: Espera los problemas como una parte inevitable de la vida y cuando se presenten, mantén erguida la cabeza, míralos de frente y di: «Voy a ser más grande que tú. No vas a poder derrotarme».

ANN LANDERS

Capítulo 3

La vida también es diversión... e increíblemente divertida

De todos los dones que la naturaleza concede a los seres humanos, una risa espontánea y de todo corazón es el que debe estar más cerca de ser el mejor.
NORMAN COUSINS

La manera de descubrir el equilibrio de la vida

Ahora que ya hemos tratado con las dos realidades más densas de la vida, veamos su aspecto más ligero y brillante. Necesitamos apreciar las cosas que nos ayudan a mantenernos equilibrados, las que nos impiden quedar aplastados por el peso de la seriedad y las que podemos utilizar para mantener nuestra cordura. Estoy hablando de otra de las grandes verdades: **los seres humanos necesitan divertirse.** Necesitamos jugar y lo que aun es más importante, necesitamos reír. La vida puede ser difícil, dura y a veces, injusta, pero eso no significa que tenga que ser intolerable. Y lo que está claro es que no significa que no podamos disfrutarla. El humor es lo que más ayuda.

Una mañana, mientras estaba sentado en mi mesa trabajando en este libro y padeciendo lo que parecía ser un caso terminal de bloqueo como escritor, empecé a preguntarme si tenía alguna tendencia masoquista. Escribir es una de las cosas más difíciles y frustrantes que he hecho jamás, pero, sin embargo, sigo haciéndolo. ¿Por qué me estaba inflingiendo este dolor a mí mismo? Podía haber estado haciendo otras cosas que eran muchísimo más banales, como pasar la aspiradora o limpiar el garage. En ese momento sonó el teléfono y una joven me preguntó: «¿Está Jeannette?» Contesté: «No, Jeannette ya no vive aquí». «¿Desde cuándo?», preguntó la joven, y yo le dije: «¿No lo sabes? Jeannette se ha ido a vivir a Bolivia. Se fue para estudiar los rituales de apareamiento de los incas». Entonces mi interlocutora pronunció con tono de incredulidad: «¡Tienes que estar bromeando!» Contesté: «Sí, es cierto. Creo que has marcado un número equivocado». La conversación terminó cuando ella dijo: «¡Qué tipo más raro!» y colgó.

A pesar de que se comportó de un modo que parecía que yo la había perturbado, tengo la sensación de que se rió con nuestra conversación. Yo lo pasé muy bien. Y apuesto a que cuando ella consiguió ponerse en contacto con Jeannette y le habló del tipo raro con quien había hablado, ambas se rieron de verdad. Yo lo hice sólo pensando en su conversación.

De hecho, me estaba preguntando si me volvería a llamar para decirme que los incas habían vivido en Perú y no en Bolivia. Pero no creo que le importara porque, probablemente, ella y Jeannette tenían cosas más importantes de que hablar.

Lo que quiero decir es que cuando nos vemos abrumados por algunas de las pruebas a que nos somete la vida necesitamos una distracción, y una de las mejores es el humor. Tardé mucho tiempo en darme cuenta de que es uno de los ingredientes más importantes de una vida sana y equilibrada. Pasé años estudiando seriamente la psicología del desarrollo y la realización personal, sólo para aprender que no debo tomarme a mí mismo demasiado en serio.

Durante la década de 1970 un fenómeno social, conocido como el «movimiento del crecimiento personal» se puso de moda. Liderados por gurús conocidos como psicólogos humanistas, millones de personas empezaron la búsqueda de la realización de su pleno potencial. El objetivo de todo esto era convertirse en alguien que se «autorrealizaba». Nadie parecía saber exactamente lo que eso quería decir, pero sonaba bien. Era la frase clave en una década de charlatanería psicológica. La psicología del potencial humano hizo furor y la gente llegó a unos extremos (y gastos) increíbles a fin de encontrar su «espacio», encontrar su «centro» y encontrarse a «sí misma». Las opciones incluían grupos de encuentro y formación sensible (en los que las personas se gritaban y se manifestaban los unos a los otros lo que no les gustaba del otro); aprender el estilo de meditación trascendental del Maharishi Yogi (cosa que, por lo visto, se conseguía con tal de que se pusiera uno un pañuelo blanco, unas cuantas flores y llevara una cantidad importante de dinero); «rolfing» (no creo que significara vomitar), «est» (donde el líder llamaba a las personas «idiota», y no les dejaba ir al cuarto de baño); el análisis transaccional (con el que uno aprendía desde qué «estado del ego» uno funcionaba; fumar marihuana, sumergirse en una bañera de agua caliente, hacer que le dieran masaje estando desnudo y todo un montón de otras cosas. Volviendo la vista atrás, parece todo bastante pueril. Las personas se convirtieron, de hecho, en «adictos al crecimiento». Como yo era una de esas personas puedo permitirme reírme de ello. Lo único bueno es que nunca aprendí a «rolf».

Me había dejado arrastrar por ese movimiento porque, igual que montones de personas, sentía que me faltaba algo. Estaba buscando una vida realizada, pero jamás la encontré en el movimiento del crecimiento o desarrollo personal. Se había convertido en algo caro, agotador y serio. Demasiado serio. Y en realidad, me causó más mal que bien porque empezó a abrumarme. Luego sucedió algo divertido e inesperado. Durante esa época y, sin embargo, sin relación alguna con mi búsqueda incesante del nirvana personal, vi dos películas que tuvieron un efecto mucho más positivo y duradero en mí que todas esas «experiencias de crecimiento» juntas. Piénselo, por el precio de dos entradas de cine y alrededor de unas cuatro horas de mi tiempo, podía haberme ahorrado un montón de trabajo, dinero y problemas.

La primera película fue *Zorba el griego*, que es la historia de la relación entre dos hombres, Zorba y Boss. Boss es guapo, tiene inteligencia, salud, dinero y educación y también es una buena persona que lo tiene todo encerrado en su interior; no parece que disfrute de la vida. Lee y piensa, pero no se divierte porque está buscando la pieza que le falta. Me descubrí identificándome con Boss. Luego Zorba le dice: «Lo tienes todo, Boss, excepto una cosa: locura. Un hombre necesita un poco de locura o nunca termina de cortar la cuerda y ser libre». Al final, Zorba le enseña a Boss a bailar, a reír y a dejarse llevar.

La otra película fue *Mil Payasos*. También es la historia de una relación, ésta entre Murray y Nick, su sobrino de once años a quien está educando solo. La principal preocupación de Murray es que Nick crezca y se convierta en un Norman Nadie, una de esas «encantadoras personas muertas» que son tan serias que se olvidan de disfrutar de la vida. Quiere que Nick sea capaz de ver «todas las posibilidades que la vida ofrece» y que de vez en cuando darle un hurgonazo al mundo». Y lo más importante es que quiere que Nick mire en torno suyo y sea capaz de reírse ante lo que ve.

La mayoría de nosotros necesitamos un Zorba o un Murray que nos recuerde que no debemos quedarnos empantanados y tomarnos la vida, ni a nosotros mismos, demasiado en serio. Con eso no quiero implicar que Zorba o Murray sean unos cómicos sin sentido. Por el contrario, son muy profundos. Saben que la vida es dura y difícil y que no siempre es justa, pero también conocen que la única manera de sobrevivir es reírse muchísimo. Y esas risas las encontramos cuando las *buscamos*. Los programas como «La cámara oculta» y «Los vídeos domésticos más divertidos» son agradables, sencillamente porque nos presentan nuestro reflejo. Nos muestran imágenes de la vida real y la vida *es* divertida. La comedia nos rodea y sólo tenemos que buscarla. Como dice Murray, necesitamos ver: «... todas las tiras cómicas que la gente crea por el solo hecho de estar vivo».

Algunos ejemplos de locura diaria

Me he divertido muchísimo al prepararme para escribir este capítulo. Leí todo lo que pude encontrar sobre la psicología y los beneficios del humor y el juego y luego empecé a recordar cosas que algunos de mis locos amigos hacen y que son las que logran que sean tan queridos. Lo estaba pasando tan bien pensando y riendo que me fue difícil empezar a escribirlo seriamente. He aquí algunos ejemplos de personas inteligentes que han aprendido la importante habilidad de supervivencia que es practicar algo de locura de vez en cuando.

Tim Hansel, a quien menciono en el capítulo uno, es un graduado de Stanford y autor de seis libros. Es un filósofo, espiritual, aventurero y profundo y también es un poco «especial». Cuando se siente deprimido, recurre a algo que siempre le anima muchísimo: Se pone a vociferar la llamada de Superman. Ya sabe, esa que dice: «Mira, ¡es un pájaro! No, ¡es un avión! No, ¡es Superman! ¡Mira como sube y sube y desaparece volando!» Bueno es posible que eso no le parezca divertido a usted. Pero tengo que añadir una brizna más de información: ¡él lo grita al revés! Así es como suena: «Arim, ¡se nu orajap! On, ¡se nu noiva! On, ¡ise Manrepus! ¡Arim omoc ebus y ebus y ecerapased odnalov!» Intente hacer eso sin reírse. ¿Que es estúpido? Sí, muy estúpido, pero también muy divertido. Hace unos años le escuché al dirigirse a un grupo de hombres de negocios. Les preguntó cuánta diversión tenían en sus vidas y también lo divertido que era para las demás personas estar con ellos. Luego les inquirió si serían capaces de gritar la llamada de Superman al revés. Lo miraron extrañados y él se la pronunció una vez de manera normal y luego se puso a gritarla al revés.

Esos pesos pesados del mundo de los negocios se rieron tanto que le costó algo más de cinco minutos poder reanudar su charla.

Tengo otro amigo, Russ Sards, que acaba de cumplir los sesenta años y es un ejecutivo de una importante compañía de seguros multinacional. Tiene una buena educación, conduce un sensacional automóvil BMW, lleva trajes a la medida, viaja por todo el mundo representando a su compañía, es un hombre dedicado a su familia y de un modo generoso da tiempo y dinero a organizaciones de caridad. En otras palabras, es una persona muy sofisticada y también es una de las personas más divertidas y más locas que he conocido en toda mi vida. Encuentra humor en todo, es un maestro en hacer reír a los demás. Dice que las cosas que son divertidas son un «aullido» y prácticamente todo lo es. Lleva zapatillas de baloncesto con la parte superior de lona roja y otras prendas de vestir inusitadas. Uno de sus juguetes favoritos solía ser un Volkswagen «Cosa», un vehículo parecido a los que utiliza el ejército y que parece un cruce entre un *Jeep* y un *Land Cruiser*. Ahora su juguete favorito es una motocicleta Harley Davidson.

Entretiene a sus amigos y a sí mismo con expresiones absurdas o excéntricas. Hace unos años estaba con él en una reunión cuando una mujer dijo algo que le sorprendió. La miró y le dijo enfáticamente: «¡Consíguete un cuello!» De dónde salió eso o qué quería decir, no lo sabré nunca. Y varios años después sigo sin tener ni idea de qué quería decir, pero hizo pedazos la reunión y a la mujer con quien estaba hablando. Pensar en ello todavía me hace reír. Su expresión más reciente es: «Es hora de conseguir que se vayan todos a la cama». Tampoco tiene sentido, pero lo que es divertido es la manera que tiene de decirlo. Aquí tenemos a un hombre que trabaja tremendamente y se encuentra siempre bajo una gran presión, pero que sigue sabiendo cómo pasarlo bien. No importa nada que sus cosas tengan sentido o no, son divertidas porque acostumbran a *no* tener sentido. Eso es lo que es el humor: lo inesperado, lo inusitado, lo absurdo.

Edison y Einstein

Thomas Edison y Albert Einstein no son exactamente los primeros dos nombres que se nos vienen a la mente cuando pensamos en el humor y el juego. Pero el hecho es que ambos atribuían su éxito en la parte seria de la vida a conocer la importancia de las partes menos serias. Ambos descubrieron muy pronto que trabajar demasiado o pensar demasiado intensamente durante un largo período de tiempo hace más mal que bien. Ese es el motivo de que las personas necesiten descansos durante el trabajo y el porqué de que se aconseje a los estudiantes que descansen mientras estudian. La mente se estresa excesivamente cuando se la somete durante demasiado tiempo a la seriedad. El humor y el juego deshacen la tensión.

Las historias sobre la capacidad de Edison de trabajar muchas horas y de soportar miles de frustraciones son casi legendarias. Lo que no es tan conocido es su método para mantenerse eficaz mientras trabajaba en sus famosos avances científicos. Edison tenía un catre en su laboratorio. Hacía pausas frecuentes para descansar en él porque sabía que la mente sólo trabaja del modo más creativo cuando está en estado de descanso. Edison también descubrió que el humor hace que la mente se sienta cómoda y además de disponer de cientos de cuadernos llenos de ecuaciones científicas, llenó muchos otros con chistes. Descubrió que el alivio que proporciona la comicidad era valioso para él y para su personal. Lo utilizaba para romper la tensión y elevar la moral. Luego dijo que la gente que ríe junta puede trabajar junta durante más tiempo, y además, con mayor eficacia.

¿En qué pensamos cuando oímos el nombre de Albert Einstein? ¿Genio? ¿Brillantez? ¿Física? ¿La teoría de la relatividad? Probablemente en todas esas cosas. Pero según el propio Einstein, algunas de las claves de la vida son la sencillez, la fantasía y el juego. Decía: «Todo debería hacerse tan sencillo como fuera posible». A un grupo de estudiantes de Princeton les dijo que él no tendría interés en las leyes de la física si no pudieran simplificarse. Una de las maneras en que Einstein hacía que las cosas fueran sencillas era por medio del juego. Los que investigan su vida se sorprenden al enterarse de lo juguetón que era. Él «jugaba por ahí» literalmente, con ideas y números porque sabía que sus descubrimientos llegarían al final a través del juego. Einstein tiene una gran lección para todos nosotros: el juego es una de las maneras más eficaces de simplificar la vida. Eso es lo que hacíamos con tanta frecuencia cuando éramos niños y que más adelante en la vida olvidamos también con demasiada frecuencia.

La risa como cura

Hace miles de años, un hombre llamado Salomón escribió sus famosos Proverbios. Entre ellos dijo: «Un corazón alegre es una buena medicina, pero un espíritu afligido reseca los huesos». En los tiempos modernos, una de las revistas más populares, *Reader's Digest*, presenta cada mes una sección titulada: «La risa, la mejor medicina». ¿Existen algunas pruebas científicas que apoyen esas afirmaciones de que la risa tiene el poder de curar? Sí.

Hace muy pocos años que la profesión médica descubrió el poder curativo y casi milagroso de la risa. Y el descubrimiento no lo llevó a cabo ni un médico ni un investigador sino un paciente, uno que se negó a aceptar el diagnóstico médico que decía que sólo le quedaban unos meses de vida. El paciente era Norman Cousins, un conocido escritor que trabajaba para el *Saturday Review*. A Cousins le diagnosticaron, en 1964, una grave enfermedad que afectaba los tejidos conectivos. Un especialista también diagnosticó que sus posibilidades de supervivencia eran de una entre quinientas y que le quedaba poco tiempo de vida. Pero la voluntad de vivir de Cousins era fuerte, así que decidió asumir la mayor parte de la responsabilidad de su curación. Diseñó un programa que exigía que utilizara diariamente todas las emociones positivas. Entre ellas estaban la fe, el amor y la esperanza. Cousins dijo que su programa era fácil de seguir sin contar con la otra cosa que sabía que debía formar parte de su curación: la risa. ¿Cómo te puedes reír cuando te han dicho que tienes una enfermedad irreversible y que no te queda mucho tiempo de vida?

Pero se rió. Cousins ideó un programa sistemático para conseguir dosis diarias de una risa franca y sana. Empezó por ver los programas viejos de «La cámara oculta». Luego siguió con las películas de los hermanos Marx y cualquier otra cosa que pudiera pillar y que pudiera hacerle reír. Más adelante, cuando describió sus experiencias de curación en *Anatomy of an Illness*, Cousins dijo: «Funcionó. Hice el alborozado descubrimiento de que diez minutos de una genuina carcajada sonora tienen un efecto anestésico y me daban por lo menos dos horas de sueño libre de dolor». Las pruebas médicas realizadas desde entonces han establecido que existe una base fisiológica para la teoría bíblica de que la risa es una buena medicina. Tal como dijo Josh Billins, un humorista del siglo diecinueve: «No hay mucha diversión en la medicina, pero hay un montón endiablado de medicina en la diversión».

Después de su inexplicable recuperación, Cousins siguió estudiando los efectos de las emociones positivas en el sistema humano. Al final, pasó a formar parte de la facultad de medicina de UCLA, un nombramiento muy raro para una persona sin un título temático. Cousins también escribió una especie de secuela a *Anatomy of an Illness*. Se titula *Head First: The Biology of Hope*. En ella, Cousins explica más a fondo los beneficios fisiológicos de la risa, especialmente desde que en los últimos años se han llevado a cabo más investigaciones. Dedica a ello todo un capítulo, titulado «La conexión de la risa». Sin repetir aquí las montañas de pruebas científicas que apoyan la teoría de que la risa es una gran sanadora, permítame que resuma los descubrimientos de Cousins y de los médicos que han trabajado con él. Existen ahora evidencias claras de que la risa puede ser un potente calmante. Además, la risa puede mejorar la respiración, producir unas moléculas parecidas a la morfina, llamadas endorfinas, aumentar el número de células inmunes que luchan contra la enfermedad, reducir el estrés, estimular los órganos internos y mejorar la circulación de la sangre. Cousins termina diciendo: «Se han llevado a cabo unos experimentos muy amplios trabajando con un número significativo de seres humanos, que muestran que la risa contribuye a la buena salud. Se está acumulando evidencia científica que apoya el axioma bíblico de que «un corazón alegre hace tanto bien como la medicina».

Cousins fue uno de los pioneros en vincular la risa a la curación. Desde entonces su investigación se ha duplicado tanto dentro como fuera de la profesión médica. Muy conocidos son los doctores Bernie Siegel y Patch Adams. Ambos han escrito ampliamente sobre el poder del humor y de la esperanza en el proceso de curación. Si no ha visto la película *Patch Adams* le recomiendo mucho que alquile una copia en vídeo. Tiene puntos muy sentimentales, pero por otra parte es cálida, divertida y basada en pruebas científicas.

La risa como un modo de ser práctico

Si la risa y todas las demás emociones positivas pueden hacer todas estas cosas por nosotros cuando estamos enfermos, piense en lo que pueden conseguir cuando estamos sanos. Si es cierto que un gramo de prevención vale más que un kilo de cura, un corazón alegre y la risa deberían ser parte de nuestra rutina diaria. Si un espíritu deprimido puede verdaderamente resecar los huesos, necesitamos mantenerlos engrasados con unas cuantas carcajadas bien sólidas. Probablemente el descubrimiento más importante respecto a los beneficios de la risa sea que puede reforzar nuestro sistema inmune. Sabe cómo refrescarnos y revitalizarnos. Además, se conoce que la risa calma los nervios excitados, reduce la tensión, calma los temperamentos, estimula la creatividad y sencillamente, hace que la vida sea mucho más divertida. La risa es el tónico de la vida y tiene poderes reparadores y vigorizadores. Nos llena de vida y de energía además de ser un lubricante eficaz que es capaz de suavizar algunos de los puntos difíciles de la existencia diaria. Finalmente, la risa hace maravillas en las relaciones. Alguien dijo una vez que la risa es la distancia más corta entre dos personas y tiene un modo propio de unirlas. «Ríe y el mundo ríe contigo».

En una de las escenas clásicas de *Mil Payasos*, Murray le pregunta a su hermano Arnold por qué no repite algunas de las cosas locas que hacía cuando era más joven, como aquella vez en que llegó al trabajo con un bonito traje, sombrero, llevando un maletín... y sobre patines de ruedas. Arnold dice: «Ya no hago esa clase de cosas, si es lo que quieres decir...». Murray da un salto, se aferra a ambos brazos de Arnold y grita: «ESA CLASE DE COSAS. De acuerdo, ¡es una manera de seguir VIVO! Si la mayoría de las cosas no son divertidas, Arn, entonces son exactamente lo que son y la vida no es más que una larga cita con el dentista, interrumpida ocasionalmente por algo excitante, como esperar a alguien o algo o quedarse dormido».

En realidad, la risa es mucho más que una de esas cosas. Es esencial. Es uno de los ingredientes principales de la salud mental. Tenemos una necesidad genuina de tomarnos un descanso de las duras realidades de la vida. Comportarnos como un bobo, desternillarnos de risa, deleitarnos con lo absurdo, reírnos entre dientes con los dibujos animados, contar y escuchar chistes, ver películas divertidas y hacer tonterías. Hay mucha sabiduría en el antiguo proverbio que dice: «Al más sabio de los hombres le encanta un poco de tontería de vez en cuando».

La risa como prioridad

No quiero decir que para ser feliz tenga que ir por la vida comportándose como Daffy Duck o Bozo, el payaso. No tiene necesidad de ponerse zapatillas de baloncesto con la parte superior roja ni tampoco de gritar la llamada de Superman al revés. Todos tenemos personalidades y estilos diferentes, por lo que no podemos hacer todas esas cosas, pero sea cual sea nuestra personalidad, seguimos necesitando una dieta emocional que incluya el juego y la risa.

Hace bastantes años me enteré de que me estaba tomando la vida demasiado en serio. De hecho, si ser serio hubiera sido un deporte olímpico, mi fotografía hubiera sido un cromo más de los ganadores. Un buen amigo mío me dijo un día que yo parecía llevar el peso del mundo sobre los hombros. Me preguntó cuánto me divertía y cuánto me reía. Fue por esa época cuando vi esas dos películas que he mencionado antes. Zorba me enseñó la necesidad de tener un poco de locura de vez en cuando y Murray me mostró la importancia de ver la comedia que nos rodea. Ahora bien, eso no quiere decir que me convirtiera en una especie de «tipo loco y salvaje», pero lo que sí es cierto es que la risa se ha instaurado como una prioridad muy importante en mi vida. Ahora está a la misma altura que la comida, el dormir y el aire que respiro. No puedo ni imaginarme un solo día sin ella.

Un buen lugar para empezar es el hogar. Es importante que seamos capaces de reírnos de nosotros mismos, sólo tiene que pensar por un momento en algunas de las cosas increíblemente estúpidas, torpes o de cabeza de chorlito que ha hecho en su vida. Y ¿sabe qué? Va a hacer aun muchas más. No se pierda ese personaje cómico que tiene en su interior. La gente que sabe cómo reírse de sí misma jamás deja de estar entretenida.

La verdadera clave está en mirar o buscar. Existe un viejo axioma que dice que acostumbramos a encontrar aquello que buscamos. Y por ahí hay un montón de comedia y de risa. No puedo imaginarme una empresa más saludable. Ríe y estarás bien.

MATTHEW GREEN

Capítulo 4

Vivimos por elección, no por casualidad

Dios no le pregunta a ningún hombre si éste acepta la vida. No se trata de una elección. Uno debe aceptarla y la única elección es cómo.

HENRY WARD BEECHER

Nuestra mayor libertad, nuestra mayor fuente de fuerza

¿Se da cuenta de cuántas personas pasan por la vida pensando que las únicas posibilidades de elección que tienen son las que aparecen en la guía de la televisión y en el menú del McDonald's? ¿Sabe que la mayoría de la gente cree que su lugar en la vida ha sido decidido principalmente por las circunstancias, la suerte o el modo en que estaban alineados los planetas? El propósito de este capítulo es ayudarle a ver algo que ellos no perciben, ya que opino que hay demasiadas personas que nunca reconocen nuestra mayor libertad, que resulta también ser nuestra mayor fuente de fuerza. Y como no la reconocen, no la utilizan. ¿Y cuál es esa libertad sensacional y la mayor fuente de fuerza? Se trata de nuestra capacidad de elegir.

No fue hasta que acababa de ingresar en la universidad que empecé a apreciar plenamente que esta es una de las claves de la vida. Sucedió algo en una de mis clases que me llevó a ver la vida de una manera diferente. Asistía a la Universidad de San Francisco, que pertenecía a los jesuitas, y era un requisito que cada semestre estudiara filosofía. Los jesuitas, una orden de sacerdotes católicos muy eruditos, le daban mucha importancia a la filosofía. Nos decían que antes de que saliéramos al mundo querían enseñarnos a pensar, y lo decían convencidos. Cada día se nos retaba a pensar en Dios, en la vida, el mundo y nuestro lugar en él. Se nos exigía que hiciéramos trabajos sobre el significado de la vida y la razón de nuestra existencia. También debatíamos sobre lo que es correcto y lo que no y sobre el bien y el mal. Era una materia pesada, pero una formación sensacional. Aprendimos a comprender mejor la vida, a aceptarla tal como es y a enfrentarnos a ella de una manera más eficaz. Y lo hicimos. De hecho, aprendimos a pensar.

Ese día concreto estábamos debatiendo en clase la existencia de Dios. Hacía un buen rato que duraba la discusión cuando uno de mis compañeros retó al profesor con una pregunta que yo había escuchado muchas veces. Preguntó: «Si Dios es tan bueno y tan poderoso, ¿cómo es que permite todo este sufrimiento? ¿Por qué no nos hizo de un modo tal que pudiéramos estar sanos y ser felices todo el tiempo?». El profesor pareció que había estado esperando esa pregunta y jamás he olvidado su respuesta: «Si Dios nos hubiera creado de ese modo –dijo–, no seríamos nada más que marionetas. Él se limitaría a tirar de los hilos y nosotros no tendríamos absolutamente ningún poder propio. Es cierto, no hubiéramos tenido que experimentar ni dolor ni privaciones o penurias. Pero sin ellas, tampoco hubiéramos conocido los verdaderos triunfos y alegrías de la vida. No habría motivo para encontrar un significado o un propósito para nosotros. No seríamos nada más que unos robots sin mente y programados. Dios lo hizo muchísimo mejor. En lugar de eso nos creó con el libre albedrío. Nos dio la vida y luego nos dio la libertad de decidir por nosotros mismos lo que hacemos con ella. Nos dio el poder de elegir nuestro propio camino».

Libertad para decidir, el poder de elegir ¡qué gran lección de vida! Y sin embargo, que desafortunado es que sean tantas las personas que nunca reconocen esta gran liberad o ejerciten este gran poder. Yo mismo he sido culpable de eso unas cuantas veces, a pesar de esa valiosa lección que aprendí en la universidad. Es triste que no siempre apliquemos lo que nos han enseñado. Recuerdo que no hace demasiados años, cuando mi vida parecía completamente fuera de rumbo, le echaba la culpa a las circunstancias, a la mala suerte y a otras personas. Luego tropecé con la cita de Henry Ward Beecher, que he colocado al principio de este capítulo, y recordé que había nacido con una voluntad libre. La causa de mi infelicidad no eran las malas circunstancias, la mala suerte o la mala gente. Eran las malas elecciones. No tenía control sobre los acontecimientos, pero seguía siendo libre para elegir la manera de responder a ellas. Cuando acepté la responsabilidad de elegir mejor, la vida mejoró.

La manera de descubrir nuestras opciones

¿Sabía usted que sólo hay unas cuantas diferencias entre los humanos y los animales? Si se pone usted a contemplar al perro de la familia, a un elefante en el zoológico o a una cabra montés en los Andes, verá que hacen –en esencia– la misma cosa. Comen, duermen, buscan refugio y crían. Todo, son instintos. Viven ateniéndose a ellos y su único y exclusivo propósito es sobrevivir. Reaccionan ante los sucesos fortuitos y están condicionados por su ambiente. Ese es el motivo de que resulte relativamente fácil domesticarlos.

¿En qué somos diferentes nosotros? Tenemos las mismas partes y funciones corporales y las mismas necesidades básicas, junto con el instinto de supervivencia. Y como los animales, reaccionamos ante lo que sucede a nuestro alrededor y nos permitimos dejarnos condicionar por nuestro entorno. Y tanto si nos gusta admitirlo como si no, también somos domesticables. La única diferencia es que en nuestro caso no *tiene* porqué ser así, ya que nosotros tenemos más cosas que instintos. Tenemos la capacidad de elegir. Eso es lo que separa a los seres humanos del mundo animal y si no ejercemos esta capacidad, no saldremos adelante. Todo lo que haremos será sobrevivir, o sea, que en lugar de vivir, nos limitaremos a existir.

El punto de partida para una vida mejor es descubrir que tenemos opciones. Es triste, pero muchas personas no lo hacen jamás. Habitan en un país que ofrece más libertad de elección que cualquier otro del mundo y sin embargo, viven como prisioneros, atrapados por las circunstancias. Siempre me sorprenden algunas de las excusas que pone la gente para no aprovechar las oportunidades de la vida para tomar nuevas decisiones: no tienen bastante dinero, no tienen tiempo, las condiciones son malas, mala suerte, un tiempo asqueroso, están demasiado cansados, están de mal humor y la lista sigue interminablemente. Pero lo cierto es que no perciben sus opciones. Es como si estuviera usted encerrado en alguna parte y tuviera una llave en su bolsillo que le diera la libertad, pero que no la utilizara nunca sencillamente porque usted no sabe que se encuentra allí. Tiene más posibilidades de elección de las que nunca soñó que pudiera llegar a tener. La clave está en saber que están ahí cada día de su vida. Vivimos por elección, no por casualidad. Y lo más importante no es lo que sucede sino la manera con que nos enfrentamos a lo que sucede. Es lo que elegimos pensar, lo que elegimos hacer, lo que resulta más importante.

La vida es una serie de opciones y decisiones

Una manera de mirar la vida es a través de un caleidoscopio diario de opciones y decisiones. De hecho, esa es la manera más sana y más osada que se me ocurre para empezar cada día. Desde el momento en que nos despertamos por la mañana hasta que nos vamos a la cama por la noche, estamos tomando decisiones y eligiendo cosas. Si no es así, es que alguien o algo las está tomando por nosotros.

Ya he dicho antes que todos tenemos el potencial necesario para hacer más con nuestras vidas. Todo ser humano es capaz de dar grandes pasos en su autodesarrollo y aumentar sus logros. El punto de partida para todos nosotros es ser conscientes de nuestras opciones y luego tomar las decisiones adecuadas. Hasta que no las tomemos, no va a suceder nada. Mire a su alrededor. ¿Qué está sucediendo en las vidas de un gran porcentaje de las personas de su entorno? No gran cosa, y tanto si se dan cuenta de ello como si no, eso es el resultado de las decisiones o elecciones. La decisión de aceptar lo que nos llega, la de permitir que sucedan cosas, la de conformarnos con menos, la de dejar que otras personas hagan lo que piensan y la decisión de limitarnos a existir de un día hasta el siguiente.

Una de las mayores equivocaciones que cometen las personas es pensar que la vida es un gran «tengo que». Tienen que ir a trabajar, tienen que ir a la escuela, tienen que ir a la tienda, tienen que hacer que les corten el cabello, tienen que organizarse y tienen que hacer millones de cosas más. Lo cierto es que no *tenemos* que hacer nada. Algunas cosas pueden ser importantes y puede que deban hacerse, pero nadie *tiene* que hacerlas.

Siempre me maravilla la manera cómo discute la gente cuando se les dice que lo hacen todo porque deciden hacerlo. Están tan atascados en la filosofía de la vida de «tener que», que les es difícil abandonarla. Hace poco estaba enseñando este concepto a algunos veteranos del instituto en una clase electiva de psicología y el ejemplo que utilicé fue: «Ustedes han decidido venir a clase esta mañana». Hubiera podido apostar el sueldo de un mes a que podía predecir la primera respuesta, y así fue. Uno de mis favoritos en la clase dijo: «De ninguna manera. *He tenido* que venir a clase». «No, no es cierto –contesté–. Has *decidido* venir». Entonces procedió a soltarme toda la retahíla de cosas horribles que le sucederían si no asistía a clase: los responsables de la escuela llamarían a sus padres, en casa le gritarían, podían castigarle sin salir, el subdirector le llamaría la atención, le bajarían las notas, etc. Cuando hubo terminado, le dije: «¡Tienes razón! Hiciste tu elección. Elegiste venir a clase en lugar de elegir las consecuencias de no venir. Pero seguías siendo libre para hacer esa elección. Algunos de tus compañeros de clase no han venido. Por muy variadas razones prefirieron no venir esta mañana. Puede que alguien haya decidido dormir un poco más o tomarse el día libre. Puede que alguna otra persona haya elegido ir al supermercado. Pero tú quisiste estar aquí».

Luego él me ayudó a demostrar lo más importante al afirmar: «Pero eso no es más que otra manera de verlo». «¡Gracias! –le dije entusiasmado–. Eso es exactamente lo que quiero que aprendan. A ver todos los días de su vida de esa manera, a ver opciones en lugar de «obligaciones». En cualquier momento dado, tenemos libertad de elegir lo que queremos pensar y lo que queremos hacer. Dios nos dio el libre albedrío y nadie puede quitárnoslo. Podemos alterar el rumbo de nuestras vidas en cualquier momento que queramos, porque hagamos lo que hagamos, lo hacemos por decisión propia. Podemos decir que tenemos que hacer las cosas o que estamos obligados a hacerlas, pero lo cierto es que hacemos lo que elegimos hacer. Es un descubrimiento muy sencillo, pero sensacional porque una vez que nos damos cuenta de que hacemos las cosas por decisión o elección propia, empezamos a aceptar una responsabilidad mayor por nuestras propias vidas y a tener un control más eficaz sobre ellas. Somos el resultados de nuestras elecciones y decisiones.

Tanto en mis clases del instituto como en las de la universidad es frecuente que me hagan preguntas que empiezan con las palabras: «¿Tenemos que...?» «¿Tenemos que saber esto? ¿Tenemos que hacer este trabajo? ¿Tenemos que escribir con frases completas? ¿Tenemos que leer eso? ¿Tenemos que entregarlo mañana?» Mi respuesta es siempre la misma: «No. *Consigan* hacerlo». La primera vez que sucedió así en un nuevo semestre, recibí unas cuantas miradas extrañadas y de vez en cuando algo de sarcasmo irónico. Luego añadí el remate: «En la vida no *tienen* que hacer nada sino *conseguir* hacer un montón de cosas. Y una de las cosas más importantes que pueden conseguir hacer es recibir una educación». De hecho, acabamos por divertirnos muchísimo con eso, porque durante todo el resto del semestre mis estudiantes empezaron sus preguntas con las palabras: «¿Conseguimos...?» ¡A mí me encantó porque es una manera mucho más sana de ver la vida! Nos recuerda que tenemos opciones. No *tenemos* que vivir, *conseguimos* vivir.

Las decisiones más importantes que conseguimos hacer

Nosotros no elegimos nacer en el mundo y tampoco que algún día vayamos a morir. Sin embargo, el período entre esos dos hechos, ese al que llamamos vida, nos presenta innumerables opciones o posibilidades de elección. Hay algunas que son obvias debido a la naturaleza de nuestra sociedad. Podemos elegir nuestros amigos, nuestras carreras, estilos de vida, afiliaciones políticas, religión, el lugar donde vivir, la clase de auto que queremos tener y la clase de música que vamos a escuchar. Pero hay algunas otras elecciones que, a pesar de que son menos obvias, son mucho más importantes. O bien no somos conscientes de ellas o sencillamente, no pensamos mucho en ellas. Y, sin embargo, son las elecciones que deciden la calidad de nuestras vidas. Basándome en lo que la vida me ha enseñado, estas son las que yo considero que son nuestras elecciones u opciones más importantes:

- **Somos libres de elegir nuestro carácter, el tipo de persona en que nos convertimos.** Podemos dejar que sean los demás y nuestro entorno los que nos moldeen, o podemos dedicarnos y comprometernos con nuestro propio desarrollo. Podemos llegar a ser menos de lo que somos capaces de ser, o podemos llegar a ser todo aquello que somos capaces de ser.

- **Somos libres para elegir nuestros valores.** Podemos dejar que sean los medios de comunicación los que nos indiquen lo que es importante, o podemos decidir por nosotros mismos. Podemos basar nuestros estándares en lo que los demás están haciendo, o en lo que sabemos que es correcto y bueno.

- **Somos libres de elegir la manera en que tratamos a los demás.** Podemos rebajarlos y humillarlos o podemos elevarlos. Podemos ser egoístas y desconsiderados, o podemos ser respetuosos, amables, útiles y serviciales.

- **Somos libres de elegir la manera en cómo queremos enfrentarnos a la adversidad.** Podemos permitir que nos aplasten, rendirnos o sentir pena de nosotros mismos. O podemos elegir buscar una fuente de fuerza en nuestro interior, perseverar y sacar el máximo partido de lo que la vida nos presenta.

- **Somos libres de elegir cuándo vamos a aprender.** Podemos considerar el aprendizaje como un deber desagradable o como una gran oportunidad para mejorar. Podemos ser obtusos de mente o tener una mentalidad abierta, podemos estar atascados o podemos crecer.

- **Somos libres de elegir lo que conseguiremos realizar en la vida.** Podemos permitir que nuestras circunstancias u otras personas decidan lo que vamos a hacer con nosotros mismos, o podemos elegir nuestros propios objetivos y la dirección que queremos seguir. Podemos ser indisciplinados y perezosos, o podemos ser autodisciplinados y muy trabajadores.

- **Somos libres de elegir nuestro propio sistema de creencias.** Podemos ignorar nuestra naturaleza espiritual, o podemos aceptarla como una dimensión importante de la vida. Podemos adorar el placer y las cosas materiales del mundo, o podemos buscar algo que sea más importante.

- **Somos libres de elegir nuestro propio propósito.** Podemos vagar sin rumbo fijo, o podemos buscar un significado en la vida y luego vivir de acuerdo con eso. Podemos vivir sólo para complacernos a nosotros mismos, o podemos encontrar una causa que sea más grande, una que nos ayude a comprender y apreciar más plenamente la vida.

- **Somos libres de elegir nuestra actitud sin tener en cuenta para nada las circunstancias**. Esta es la elección más importante que haremos jamás porque afecta todo lo que abordamos en la vida. En el capítulo siguiente, la explico más a fondo.

Siempre estamos eligiendo

Gran parte de nuestro potencial se desperdicia, sencillamente porque no lo utilizamos nunca, igual que la batería que se corroe o el músculo que se atrofia después de yacer dormido demasiado tiempo. La mayor parte del tiempo no conseguimos llevar a la práctica nuestras opciones porque no somos conscientes de tenerlas. Y sin embargo, cada día de nuestras vidas las tenemos a nuestra disposición. Podemos realizar cambios en aspectos menores de nuestras vidas, o podemos cambiar todo nuestro estilo de vivencia, por el simple hecho de hacer elecciones diferentes. Podemos enfrentarnos y manejar de una manera más eficaz, tanto las circunstancias como las personas. De hecho, podemos cambiar casi todo lo que hacemos si somos conscientes de nuestras opciones y si nuestro deseo es lo bastante fuerte.

Lo que es más importante es que comprendamos, respecto a todo esto, que en cualquier momento dado estamos haciendo elecciones. Es igualmente importante la necesidad de entender que somos el resultado de nuestras elecciones o decisiones. No podemos elegir lo que sucede en nuestras vidas, pero sí podemos seleccionar la manera de responder a ello. Tenemos la capacidad de sobrevivir a las penurias y de superar nuestros puntos débiles. Tenemos la capacidad de superar las circunstancias negativas porque disponemos de un libre albedrío, la libertad y el poder de elegir. Los seres humanos no fueron diseñados para vivir por casualidad o por azar. Fuimos diseñados para vivir por elección.

El mayor poder que posee una persona es el poder de elegir.

J. MARTIN KOHE

Capítulo 5

La actitud es una decisión — la más importante que tomará en la vida

¿Cómo puede tener una buena actitud cuando su mundo se está desmoronando?

Cuando no tenía más que veintinueve años, mi vida quedó destrozada. Algo que pensaba que sólo les sucedía a los demás me ocurrió a mí. Mi matrimonio fracasó. A pesar de que el divorcio es algo corriente en nuestra sociedad, el hecho de que sea frecuente no disminuye el dolor y el sufrimiento. He visto vidas destrozadas por su culpa y temí que la mía sería una de ellas. Y a pesar de que el dolor inicial fue devastador, lo peor aún estaba por llegar. Me dijeron que un hombre no podía criar a tres niños y que a los míos se los llevaban a vivir a cuatrocientas millas de distancia. Y yo no tenía ni voz ni voto en la materia. Estaba tan angustiado que me pareció que tanto Dios como nuestro sistema de justicia me habían fallado. ¿Estaba todo eso sucediendo de verdad? ¿Qué había hecho yo para merecerlo?

A medida que empezaba, lenta y dolorosamente, a volver a reunir los pedazos de una vida rota, un amigo me dio algo que pensó que iba a ayudarme. Se trataba de un libro escrito por Viktor Frankl titulado *El hombre en busca de sentido*. Desde entonces he atesorado, releído y regalado ese libro a muchas personas, porque me ayudó de una manera inconmensurable. Su lectura no restauró mi matrimonio ni volvió a reunir a mi familia, pero me ayudó a pensar en mis circunstancias de una manera diferente. Esa es una de las cosas más valiosas que jamás he aprendido: que el modo en que uno piensa en los acontecimientos es mucho más importante que los propios acontecimientos.

En medio de mi agonía, me enteré de que las circunstancias del doctor Frankl habían sido mucho peores. Y, sin embargo, utilizando su libre albedrío y los poderes de su mente había podido superarlas. El señor Frankl era uno de los millones de judíos que habían sido encerrados en campos de concentración nazis durante la Segunda Guerra Mundial. El régimen de Hitler se lo quitó prácticamente todo: su esposa, sus hijos, su casa, su consulta médica y todas sus posesiones mundanas. Lo metieron en un campo de concentración donde fue sometido a todas las formas posibles de degradación humana. El señor Frankl vio cómo asesinaban a varios de sus amigos en el campo de concentración y también vio cómo muchos hombres se suicidaban, mientras que otros, sencillamente perdían la voluntad de vivir, se rendían y morían. El señor Frankl escribió después que en medio de toda la brutalidad y el sufrimiento, lo que le preocupaba y molestaba más era ver a sus compañeros de prisión decidir que no les quedaba nada por lo que vivir y luego, renunciar a la vida.

Estaba decidido a encontrar algo que todavía tuviera y que los nazis no pudieran quitarle, algo lo bastante importante como para mantener su voluntad de vivir. Decidió que había una cosa que nadie podía quitarle –su capacidad para elegir su propia actitud– por muy malas que fueran las condiciones. Viktor Frankl no sólo sobrevivió a las atrocidades de este campo y de la guerra, sino que siguió adelante y se convirtió en uno de los psiquiatras más respetados del mundo. Ayudó a miles de personas que estaban a punto de rendirse y renunciar a la vida a encontrar los deseos de vivir, demostrándoles que todavía tenían opciones y que dentro de las mismas podían encontrar un nuevo significado en sus vidas.

Él dice que la capacidad de elegir su propia actitud en cualquier circunstancia es «... la última de las libertades humanas». Dice que incluso en el campo de concentración siempre hubo elecciones para tomar. «Cada día, cada hora, ofrecía la oportunidad de tomar una decisión, una opción que decidía si uno se sometía, o no, a esos poderes que amenazaban con robarle su propio yo, su libertad interior». Frankl define que podemos convertirnos en víctimas de las circunstancias o que podemos vencerlas. Podemos renunciar a nuestra libertad y dignidad y permitir que nuestras circunstancias nos moldeen, o podemos elegir nuestra propia actitud y elevarnos por encima de ellas. La clave, dice, está en saber que aquello en que nos convertimos es el efecto de una decisión interna.

Como resultado de que yo leyera ese libro y gracias también a la ayuda de los amigos, cambié mi actitud respecto a mis circunstancias. Pasé de un estado de derrota y tinieblas a uno de optimismo y esperanza. Estaba decidido a sacar lo máximo de mi vida a pesar de la pérdida. La otra opción que tenía era permitir que me destruyera.

También estaba decidido a volver a vivir de nuevo con mis hijos y no pasó ni un solo día en que no creyera que eso no sucedería. Dos años después del divorcio los tres volvieron conmigo, y eso fue un golpe para el movimiento de igualdad de derechos ya que demostró que un hombre *podía* criar a tres niños. No era la situación de familia ideal que siempre había querido, pero aprovechamos nuestras circunstancias al máximo. En lugar de lamentarnos, encontramos motivos para estar agradecidos. Fue toda una lucha (la vida es dura y difícil), pero lo pasamos estupendamente, en su mayor parte porque ¡teníamos unas actitudes sensacionales!

Por qué es tan importante la actitud

Cerca del final del capítulo anterior, escribí que la actitud es la elección o decisión más importante que jamás tomaremos porque afecta a todo lo que hacemos en la vida. Investigaciones llevadas a cabo en Harvard y en varias universidades más de primera fila lo confirman. A finales de la década de 1990, mientras seguía cursos sobre la psicología de la «actuación máxima» en Stanford, leí sobre varias de ellas. Los descubrimientos más importantes eran que la actitud es mucho más importante que la inteligencia, la educación, un talento especial o la suerte. La gente que llevó a cabo este estudio llegó a la conclusión de que hasta el ochenta y cinco por ciento de nuestro éxito en la vida se debe a la actitud, mientras que el quince por ciento restante se debe a la capacidad. A pesar de que es difícil asignar porcentajes concretos a esta clase de rasgos, cualquiera que haya estudiado el comportamiento humano estaría de acuerdo en que el punto de partida de todo éxito es formarse una buena actitud. William James, uno de los psicólogos norteamericanos más práctico y respetado, dijo: «El mayor descubrimiento de mi generación es que los seres humanos pueden alterar sus vidas si alteran sus actitudes». Es decir, estaremos bien siempre que consigamos un «ajuste de actitud» periódico. Por lo tanto, es importante comprender lo que es la actitud.

La actitud es un punto de vista mental, un estado de ánimo. Es el modo en cómo pensamos. Es lo que sucede dentro de una persona –pensamientos y sentimientos– respecto a sí mismo, los demás, las circunstancias y la vida en general. La actitud es similar al humor o la disposición de ánimo. También es una expectativa. Las personas que acostumbran a tener actitudes positivas esperan lo mejor; las que tienen actitudes negativas esperan lo peor. En ambos casos, esas expectativas acostumbran a cumplirse.

También se han descrito las actitudes como «reflejos de personas». Lo que sucede en el interior aparece, invariablemente en el exterior, o sea, se refleja en lo que decimos y hacemos. Nuestras actitudes también actúan como imanes y somos arrastrados en la dirección de nuestros pensamientos, tanto si son positivos como negativos. Acostumbramos a conseguir lo que esperamos porque los pensamientos que elegimos ponen en marcha las ruedas y luego hacen que nos movamos en una dirección en particular. Hasta cierto punto, se trata de la vieja regla de causa y efecto: una buena actitud consigue buenos resultados y una mala actitud consigue malos resultados. Las personas que acostumbran a tener éxito esperan tenerlo y desarrollan la costumbre de esperar que sucedan cosas buenas, ya que saben que el vehículo primordial para llevarles a donde quieren ir es la mente.

El punto clave que recalqué en el Capítulo 2 era que el mundo no va a dedicarse a hacernos felices. No funciona para complacernos ni se adaptará a nuestras necesidades ni a lo que queremos. Tenemos que conformar una actitud que nos haga recordar que es responsabilidad nuestra adaptarnos al mundo de un modo tal que esas necesidades y anhelos puedan satisfacerse. Podemos hacerlo desarrollando un punto de vista positivo y esperanzador respecto a la vida. No podemos ajustar las situaciones para que encajen perfectamente con nuestras vidas, pero sí podemos ajustar nuestras actitudes para que encajen en todas las situaciones. Podemos aprender a hacerlo porque todas las actitudes, tanto si son buenas como malas, son aprendidas. Nadie nace ni ha nacido nunca con una actitud en particular sino que esta, se desarrollan con el tiempo. El lugar en que nos encontramos hoy es el resultado de las actitudes que hemos aprendido (elegido). Si queremos cambiarlo, necesitamos empezar por modificar nuestras actitudes y aprender unas nuevas.

Lo más importante que aprendí de la lectura del libro de Frankl fue que podemos dirigir nuestros pensamientos para que trabajen a favor o en contra nuestra. Pueden ser nuestros mejores amigos o nuestros peores enemigos. Pueden proporcionarnos un punto de vista positivo, atraer a la gente hacia nosotros y mejorar muchísimo nuestras probabilidades de éxito. Por otro lado, pueden producir un punto de vista negativo, hacer que las personas se sientan repelidas por nosotros y que nuestras probabilidades de éxito estén predestinadas al fracaso. Ese es el motivo de que la actitud sea la elección más importante que hagamos.

Su actitud es lo que dice cuando habla consigo mismo

Si es como todo el mundo, habla muchísimo consigo mismo. No sé si alguien lo ha estudiado nunca, pero supongo que cuando estamos solos hablamos con nosotros mismos más de la mitad del tiempo. Puede ser porque disfrutamos con una buena conversación, o porque nos gusta hablar con personas inteligentes. Sea cual sea el motivo, todos hablamos con nosotros mismos. Y lo que nos decimos tiene más impacto que lo que los demás nos dicen. Formamos pensamientos y sentimientos basándonos en lo que nos decimos a nosotros mismos y al final actuamos de acuerdo con estos pensamientos y sentimientos. Nuestras charlas con nosotros mismos son nuestra actitud.

La actitud es tan importante que se dice que es el factor decisivo en cuanto a si tenemos, o no, éxito en la vida. «La actitud correcta nos da esa ventaja importante».

Una buena actitud es el ingrediente principal de una buena vida:

«Nuestras actitudes nos impulsan hacia nuestras victorias o nos dejan empantanados en la derrota. Son el punto de apoyo de cada paso que damos. Son lo que los demás ven de la personalidad que está en nuestro interior; nos describen y nos definen, proyectando la imagen que presentamos al mundo que nos rodea. Nuestras actitudes nos hacen ricos o pobres, felices o desgraciados, realizados o incompletos. Son el factor más determinante en cada acción que hagamos o podamos hacer jamás. Nosotros y nuestras actitudes estamos inextrincablemente combinados, nosotros somos nuestras actitudes y ellas somos nosotros».

Tres maneras definitivas de enfocar la vida

Los que juegan al golf saben que el éxito de su competición lo decide la manera en que se acercan a la pelota. Los pilotos saben que la parte más crítica de hacer aterrizar un avión está en hacer el acercamiento adecuado. Los abogados saben que la manera en que traten al jurado será un factor determinante en cada caso. Acercarse o enfocar significa prepararse, dar los pasos preliminares hacia algún tipo de logro. El enfoque adecuado a cualquier cosa prepara el escenario para crear los resultados que esperamos conseguir. En esencia, nuestras actitudes son el modo en cómo enfocamos o nos acercamos a la vida. Y la manera en que la enfocamos determinará nuestro éxito o fracaso.

Basándome en todo lo que yo he hecho, leído, oído y visto en toda mi vida, estoy convencido de que hay tres maneras definitivas de enfocar la vida. Son tres de las elecciones más importante que podemos hacer. Son tres de las mejores actitudes que podemos tener y le garantizo que cuanto más utilice usted estos tres enfoques, más éxito tendrá en la vida.

1. Piense con una mentalidad abierta

Una mente abierta es el principio del propio descubrimiento y crecimiento. No podemos aprender nada nuevo hasta que seamos capaces de admitir que no lo sabemos todo.

ERWIN G. HALL

En la universidad me matriculé en filosofía como asignatura secundaria, por lo que hice un montón de cursos que me exigían pensar a un nivel más profundo de lo que estaba acostumbrado a hacer. Todo empezó con un curso de lógica. El profesor dijo que el propósito de la lógica era conseguir que pensáramos directamente, que examináramos todos los aspectos de un problema y que fuéramos capaces de llegar a conclusiones basándonos en un razonamiento sólido. Dijo que iba a enseñarnos a tener buenas costumbres a la hora de pensar. Luego añadió algo que no he podido olvidar nunca: «Pero si no vienen a clase con una mente abierta no podré enseñarles ni una sola cosa. De hecho, jamás aprenderán nada hasta que sepan abrir su mente».

Naturalmente hubo preguntas. Acabábamos de salir del instituto, en realidad nunca se nos había desafiado a pensar y ni siquiera estábamos seguros de lo que era una mente abierta. El profesor, un jesuita sabio y amable, dijo: «Una mente abierta es una actitud. Significa que no piensan que ya lo saben todo. Ese es el problema de la mayoría de los jóvenes. Aprenden un poco y ya creen que lo saben todo. Sus mentes se cierran y nada nuevo entra en ellas. Se convierten en sabelotodo y ese es el peor error que pueden cometer».

También quería que comprendiéramos que una mente abierta no es lo mismo que una cabeza vacía. Nos recalcó una y otra vez que tener la mente abierta es una actitud, la clave para todo conocimiento y desarrollo personal. Dijo que el propósito de una educación no es *llenar nuestras mentes sino* abrirlas. Cuanto más conocimientos tenemos, más nos damos cuenta de lo mucho que no sabemos. Eso es lo que es tener una mentalidad abierta. Nos ayuda a ver todos los aspectos o lados, ser más comprensivos y ser conscientes de nuestras propias limitaciones.

Fue un curso estupendo y una buena introducción a la filosofía y al verdadero pensamiento. Todavía recuerdo sus palabras finales: «Aunque no hubieran aprendido ninguna otra cosa, espero que hayan aprendido esta: Debo pensar con una mente abierta».

2. Piense por sí mismo

No permita que el mundo que lo rodea lo haga entrar a la fuerza, en su molde.

SAN PABLO. EPÍSTOLA A LOS ROMANOS 12:2

Créame, el mundo trabaja de una manera tremenda para hacer precisamente eso. Y en la actualidad dispone de miles de artilugios ingeniosos y embaucadores que no tenía cuando San Pablo escribió ese consejo a sus amigos. Sin esfuerzo alguno o incluso sin darnos cuenta de lo que está sucediendo, podemos convertir nuestras vidas en una conformidad insensata; sigue la corriente, sé «in», sé «popular». En otras palabras, dejas que los demás piensen por ti. Yo sé lo fácil que es porque he estado ahí. Es como entrar en un gran círculo y jugar a seguir al líder sin llegar a parte alguna.

Si la capacidad de elegir es nuestra mayor libertad y fuente de fuerza, no podemos permitirnos renunciar al derecho de elegir nuestros pensamientos porque son nuestro recurso más valioso. Los medios de comunicación, el mundo de la publicidad y las demás personas intentan pensar por todos nosotros cada día, y si se lo permitimos se apoderarán de nuestras mentes. Pero podemos elegir. Si prestamos atención a lo que sucede a nuestro alrededor, podemos filtrar la basura y preservar el derecho a pensar por nosotros mismos. Podemos elegir nuestros propios pensamientos, y con ellos nuestras propias creencias, valores y prioridades. Podemos hacer las cosas que son correctas en lugar de las que todos los demás estén haciendo.

Uno de los escritos más famosos de Ralph Waldo Emerson, es un ensayo llamado «Self-Reliance». Se trata de una declaración muy profunda respecto a la necesidad de pensar por nosotros mismos. A él le parecía, incluso en 1840, que era demasiada la gente que tomaba el camino fácil al elegir «... vivir de acuerdo con la opinión del mundo». Pero cuando hacemos eso, renunciamos a todo derecho a nosotros mismos. Necesitamos desarrollar y apreciar nuestra propia personalidad y no permitir que sea conformada por alguna otra persona o cosa. Si permitimos que los demás piensen por nosotros, nunca experimentamos lo que Emerson llama la integridad de nuestras propias mentes. Terminaba su ensayo diciendo: «No hay nada que pueda traerle la paz sino usted mismo. Y nada puede traerle la paz sino el triunfo de los principios».

3. Piense de forma constructiva

El pensador sabe que hoy se halla en el lugar al que sus pensamientos le han llevado y que está construyendo su futuro de acuerdo con la calidad de los pensamientos que piensa.

WILFRED ARLAN PETERSON

¿El pensamiento positivo, funciona? No siempre, pero es muchísimo más eficaz que el negativo. En realidad, ambos funcionan hasta cierto punto. Ponen en marcha el mecanismo para que nuestras expectativas se hagan realidad. Lo del pensamiento positivo suena muy bien, pero para la mayoría de la gente, en realidad no se trata más que de *ilusiones* y ese es el motivo de que no siempre funcione. El pensamiento positivo tiene que ir acompañado de una creencia genuina. Creer es un proceso mental y espiritual que es más profundo que la idea que tiene una persona media de lo que es el pensamiento positivo. Las personas que tienen éxito en la vida *no piensan* que pueden tenerlo; *creen* que pueden tenerlo. Esa fe en sí mismos no es el resultado de incidentes aislados de pensamiento positivo. Se desarrolla a lo largo de un período de tiempo, se alimenta y crece sobre sí misma y al final, se convierte en un modo de vida.

Y ese es el motivo de que yo prefiera el término pensamiento constructivo que a pesar de que es similar al pensamiento positivo, toma en cuenta el hecho de que nadie puede tener pensamientos positivos el cien por ciento del tiempo. Eso es tan irreal como imposible. Los pensadores constructivos se dan cuenta de que las ideas negativas claman por su atención, pero no se permiten ser arrastrados por ellas. En lugar de eso, se entrenan para elegir pensamientos que forman el carácter y conducen a los logros personales.

En los últimos años se ha comparado a la mente humana con un ordenador porque ambos son instrumentos maravillosos, pero sólo funcionan bien cuando se les suministra la información correcta. Los programadores informáticos tienen una frase a la que llaman GIGO: «garbage in, garbage out» (entra basura, sale basura). La mente actúa del mismo modo. Para que funcione con la máxima eficiencia hay que suministrarle información útil, y los pensadores constructivos lo saben. Son cuidadosos en la selección de la información que se suministra a sus mentes y también tienen mucho cuidado en mantener fuera lo banal. Es una manera eficaz de elegir los pensamientos correctos.

Su capacidad de elegir, especialmente de decidir su propia actitud, es el recurso más importante del que dispone para tener éxito en la vida. El mejor consejo que puedo darle es que piense con una mente abierta, piense por sí mismo y hágalo de forma constructiva.

Su vida es determinada no tanto por lo que la vida le trae, como por la actitud que aporta usted a la vida y no tanto por lo que le sucede, como por el modo en que su mente ve lo que sucede.

JOHN HOMER MILLER

Capítulo 6

Los hábitos son la clave de todo éxito

Lo cierto es que la única diferencia entre los que han fracasado y los que han tenido éxito, reside en la diferencia de sus costumbres.

OG MANDINO

El poder de la costumbre

Nosotros somos animales de costumbres. A lo largo de los años que he estado oyendo esa vieja expresión, jamás he oído que alguien la discutiera y lo más probable es que sea porque realmente es cierta. De hecho, aun somos más el resultado de la costumbre de lo que la mayoría de la gente piensa. Algunos psicólogos creen que el noventa y cinco por ciento de nuestra conducta se forma gracias a la costumbre, y a pesar de que puede discutirse esa cifra concreta, dudo que alguien no esté de acuerdo con la idea de que nuestras costumbres tienen un dominio tan poderoso sobre nosotros. La mayoría de ellas empiezan de manera inocente y sin intención. Al principio forman una especie de hilo invisible, pero gracias a la repetición, ese hilo se convierte en un cordón y luego en una cuerda. Cada vez que repetimos un acto, lo añadimos y reforzamos esa cuerda que así llega a convertirse en una cadena y luego en un cable. Al final, nos convertimos en nuestras costumbres. Como el poeta inglés John Dryden dijo hace más de trescientos años: «Primero nosotros hacemos nuestras costumbres y luego son nuestras costumbres las que nos hacen a nosotros».

El significado original de la palabra hábito fue el de prenda de vestir. Y como sucede con la ropa, todos los días nos ponemos nuestras costumbres o hábitos. Nuestras personalidades son, en realidad, un compuesto de nuestras actitudes, hábitos y apariencia. En otras palabras, nuestras personalidades son las características por las cuales se nos identifica, las partes

nuestras que reflejamos en los demás. Y al igual que sucede con la ropa, todos nuestros hábitos son adquiridos y nadie nace con ellos. Los aprendemos, al igual que aprendemos nuestras actitudes. Se desarrollan con el
tiempo y se refuerzan con la reiteración. No tengo el propósito de ofrecer
una explicación científica de cómo y por qué nos formamos esos hábitos.
Sólo quiero recalcar que todos lo hacemos. Los hábitos o costumbres forman parte del hecho de ser humanos y nadie se escapa de ellos. No aconsejo a las personas que eviten el crearse hábitos, cosa que de todos modos no
podrían hacer, sino que les aconsejo que piensen en la clase de hábitos que
están creando. Tanto si nos gusta como si no, nos volvemos esclavos de
nuestros hábitos y ellos acaban por trabajar en favor o en contra nuestra.

Creo que uno de los verdaderos problemas es que nunca se enfatiza lo
suficiente la formación de buenas costumbres. La única vez que oímos
pronunciar las palabras *bueno* y *hábito* o *costumbre* en la misma frase es
cuando un profesor comenta la necesidad de tener unos buenos hábitos
de estudio. Y si las buenas costumbres conducen al éxito en la escuela,
conducirán al éxito en otras áreas de la vida. Pero, desgraciadamente,
nuestros malos hábitos reciben la mayor parte de la atención, cosa que
no hace más que reforzarlos. Necesitamos cambiar nuestro enfoque y po-
nerlo en el aspecto positivo de las costumbres y dedicar más energía a
adquirir buenos hábitos. El ver sus recompensas puede ayudarnos a hacerlo así.

Costumbres ganadoras

Tanto en el instituto como en la universidad me enseñaron la importancia de las buenas costumbres, pero no las aprendí en las aulas sino en la
pista de baloncesto. Sentía una pasión genuina por ese juego y me encan-
taba encestar. Pero un sobresaliente entrenador del instituto me enseñó
que el juego tenía otros aspectos: trabajo de pies, defensa, posicionamien-
to, rebotes y pases. Cuando yo era un novato me advirtió que si quería llegar a ser lo bastante bueno para jugar en la universidad, tenía que ser un
jugador completo, no sólo un tirador. Me dijo: «Esas habilidades se desarrollan aprendiendo a llevarlas a cabo correctamente y luego repitiéndo-
las una y otra vez. Cuanto más las repitas, más fácil será hacerlo bien cuando
sea importante en los partidos. Si te formas unas buenas costumbres, te
saldrán automáticamente».

Esa fue su manera de hacerme saber que el baloncesto no sería siempre divertido. En la práctica sería trabajo difícil, entrenamiento, condicionamiento y dolor. Sería repetir los mismos movimientos una y otra vez y otra más. Un día cuando estábamos practicando el entrenamiento que odiábamos más, dijo: «Chicos, quiero que hagan esto con tanta frecuencia que acaben por hacerlo cuando duerman». Y hasta el día de hoy recuerdo precisamente eso. Me despertaba sintiéndome cansado porque había estado durante toda la noche practicando trabajo defensivo con los pies. El resultado fue que adoptamos unos buenos hábitos y tal como había dicho el entrenador, cuando llegó el momento del partido todos nosotros hicimos las cosas correctas de manera automática. Esas habilidades no eran naturales en nosotros sino que eran el resultado de lo que él había dicho que determinaría nuestro éxito: la formación de hábitos o costumbres ganadoras.

Cuando llegué a la universidad disfruté del privilegio de tener uno de los entrenadores de más éxito que han existido jamás. Phil Woolpert había conducido al equipo de la USF a los campeonatos de la NCAA a mediados de la década de 1950 y era uno de los hombres más respetados de la profesión. Por él, mi educación sobre el valor de las buenas costumbres ascendió a un nivel más alto. Esos ejercicios dolorosos del instituto no fueron más que un calentamiento para lo que Phil iba a enseñarme. Había un ejercicio al que él llamaba «manos arriba». Había que colocar los pies en posición, con las rodillas dobladas, poner una mano muy arriba por encima de la cabeza y la otra hacia afuera y al lado. Luego, nos movíamos rápidamente hacia adelante, hacia atrás, a la izquierda o a la derecha siguiendo sus órdenes. Nosotros llamábamos a este ejercicio «tiempo en el infierno» porque era puro dolor y parecía que duraba una eternidad. Pero siempre hacíamos una buena defensa porque estábamos preparados; nuestros pies, rodillas y manos se colocaban automáticamente en la posición correcta. Igual que mi entrenador del instituto, Phil creía que la clave para el éxito era habituarse a unas buenas costumbres.

Y eso no se aplicaba únicamente a la cancha de baloncesto. Cuando yo era estudiante de segundo año me enseñó algo que jamás he olvidado. Estábamos trabajando en una táctica en la que conseguí colocarme debajo de la cesta, recibí un pase y rápidamente me alcé para un tiro fácil. El único problema fue que el chico que me marcaba lo bloqueó. Phil detuvo la acción y señaló que si yo no hubiera hecho mal unas cuantas cositas, hubiera ganado los dos puntos. Cuando recibí el pase miré hacia abajo, al suelo, boté una vez la pelota y luego me alcé para el tiro. Me señaló que lo que yo había conseguido era darle tiempo al defensa para preparar el bloqueo. Me dijo que adoptara la costumbre de mantener manos, cabeza y ojos levantados para ir inmediatamente por el tiro. Concluyó que el desarrollar unas cuantas costumbres como esa podían representar una gran diferencia en mi eficacia general. Luego añadió: «Las buenas costumbres realmente ayudan y no sólo en el gimnasio, sino en todo lo que hacemos».

He aquí un hombre al que yo admiraba muchísimo y que estaba enseñando un juego que yo adoraba. Y en el proceso me dio una de las lecciones más valiosas de mi vida. A Phil no le respetaban únicamente porque sus equipos ganaban partidos, sino por los principios de acuerdo con los que entrenaba y vivía. Poco después de que hiciera el comentario respecto a que las costumbres ayudan en todo lo que hacemos, me di cuenta de que eso era lo que admiraba tanto en él. Sus elevados principios eran en realidad sus propias costumbres, las cosas de éxito que él hacía cada día. Phil murió hace unos años y mis días de jugador de baloncesto pasaron hace mucho tiempo, pero la influencia de un buen maestro permanece para siempre. Él me enseñó que las buenas costumbres nos ayudan en todo lo que hacemos. Nunca tendremos éxito si hacemos algo bien una vez, lo tendremos si hacemos las cosas bien constantemente. Las costumbres o hábitos son la clave de todo éxito.

Cambiar de costumbres

Siempre que enseño o hablo sobre este tema, recalco que al igual que las actitudes, los hábitos pueden cambiarse, y ni la edad de la persona ni la duración de la costumbre pueden utilizarse como argumentos para aferrarse a ella. Lo único que importa es el deseo. Es invariable que alguien me pregunte: «¿No has oído decir nunca que a un perro viejo no se le pueden enseñar mañas nuevas?». A lo cual respondo que sí, he oído esa vieja expresión cientos de veces, pero muchos entrenadores de perros han demostrado que está equivocada. Además, mi mensaje no es para los perros viejos. Es para la gente y tiene que ver con las costumbres.

Hace unos veinte años cambié una costumbre que había mantenido durante más de treinta y que era la de decir palabrotas. Ahora me avergüenza reconocer que durante todo ese tiempo nunca había pensado que hubiera nada de malo en ello. Todo el mundo lo hace y pensaba que, después de todo, no son más que palabras. Pero un amigo al que admiro muchísimo se enfrentó amablemente conmigo un día al respecto. Me preguntó si me daba cuenta de que las palabras que utilizaba revelaban algo sobre mí mismo y también si alguna vez se me había ocurrido que algunas de las palabras eran ofensivas para los demás. Me preguntó, además, si no sería capaz de comunicarme mejor eligiendo unas palabras más agradables. Yo no podía decir nada que justificara esa mala costumbre, así que después de pensarlo un poco, dejé de hacerlo. Así de repente. ¿Por qué? Primero, porque vi que era necesario ya que mi lenguaje era ofensivo para otras personas y me perjudicaba. En segundo lugar, porque tenía un deseo de lograrlo que era lo bastante fuerte. Cuanto más pensaba en lo que mi amigo me había dicho, más quería cambiar.

Con eso no quiero decir, en absoluto, que todos los hábitos profundamente arraigados puedan interrumpirse con esa facilidad. Hacer las cosas «de repente» o a «la brava» funciona para algunas personas, pero no para otras. En realidad, es la excepción más bien que la regla, especialmente cuando las costumbres son cosas como beber, fumar o consumir drogas. Pero los puntos de partida siguen siendo los mismos: ver la necesidad y tener el deseo. Si no están presentes, toda la ayuda del mundo se desperdiciará.

Es muy raro que se consiga romper una mala costumbre sólo con la fuerza de voluntad. Lo que se ha demostrado como mucho más eficaz es reemplazar la costumbre, o sea, sustituirla por un comportamiento que sea más positivo. Esta técnica se ha utilizado durante cientos de años, por lo menos desde la época de Benjamin Franklin. En su famosa autobiografía, Franklin explica una técnica que utilizaba para eliminar sus peores costumbres y reemplazarlas por unas buenas. Hizo una lista de trece cualidades que quería tener y las colocó en orden de importancia. Luego escribió cada una de ellas en una página separada de un pequeño cuaderno y se concentró en cada cualidad durante una semana. Si durante esa semana no conseguía poner en práctica esa virtud concreta de manera satisfactoria, señalaba unas pequeñas marcas negras al lado de la misma. Al trabajar de manera constante en cada una llegó a eliminar la condición de dibujar las marcas, porque para entonces ya había adquirido la virtud. Al utilizar esta técnica, los nuevos hábitos del señor Franklin sustituían a algunos de los viejos. Eliminó un conjunto de comportamientos que le perjudicaban al tiempo que adquiría otro conjunto de ellos que era más beneficioso para él. Decía que eso había hecho que se diera cuenta de que tenía más defectos de los que pensaba en un principio, pero el experimento también le había proporcionado una gran satisfacción al ver cómo sus cambios arraigaban. El señor Franklin, por medio de un esfuerzo consciente adquirió unos mejores hábitos, y al hacerlo se convirtió en una persona mejor.

Los hábitos y el carácter

Como consecuencia de mi entrenamiento en la cancha de baloncesto me interesé en el papel que el hábito juega en nuestras vidas, especialmente desde ese día –hace más de treinta años– en que Phil Woolpert dijo: «Las buenas costumbres nos ayudan... en todo lo que hacemos». Cuando empecé a hacer algunos descubrimientos importantes sobre la vida, tenía casi ya cuarenta años y también empecé a comprender que había una relación entre los hábitos, el carácter y el verdadero éxito. Tal como dijo George Dana Boardman: «Plante un acto... recolecte un hábito; siembre un hábito... recolecte un carácter; siembre un carácter... recolecte un destino».

A medida que mis propios hábitos y mi carácter mejoraron, lo mismo le sucedió a mi calidad de vida. Como profesor de cursos sobre el comportamiento humano era natural que quisiera compartir estos descubrimientos con mis estudiantes, tanto en el instituto como en la universidad. Pero un profesor no puede establecer una teoría basándose únicamente en sus propias experiencias. Debe haber una evidencia que lo apoye, así que recorrí bibliotecas y librerías buscando publicaciones sobre el hábito o las costumbre. Ante mi sorpresa, no se han escrito demasiados libros sobre el hábito a pesar de su importancia. De todos modos, los dos que descubrí reforzaron mi creencia en que nuestros hábitos o costumbres reflejan nuestro carácter.

El primer libro fue *Habits of the Heart*, del sociólogo Robert Bellah y cuatro colaboradores. Escriben que: «... la clase de vida que queremos depende de la clase de gente que seamos y de nuestro carácter». Lo que hace que tengamos éxito no es lo que tenemos o las técnicas que utilizamos, es quién somos. Los hábitos que tienen mayor importancia son aquellos que involucran nuestra capacidad de conexión con las demás personas y con el resto del mundo. Las personas de principios elevados y buen carácter tienen unos hábitos tales como la integridad, la preocupación por los demás, el servicio, el compromiso y la dedicación. Saben que la buena vida es imposible si sólo nos cuidamos de nosotros mismos. Se gana, no recibiendo de la vida sino contribuyendo a ella.

El otro libro es *Los 7 hábitos de personas altamente eficaces*, de Stephen R. Covey.

El subtítulo de la obra de Covey es «La manera de restaurar la ética del carácter». Manifiesta que son demasiadas las personas que se dejan seducir por lo que él llama éxito externo. Lo alcanzan, pero siguen sintiéndose vacíos. Aprendieron métodos por los que obtener cosas, pero no desarrollaron los principios y hábitos cuyo resultado son sentimientos de realización y del propio valor. Cuando en nuestro país todavía nos concentrábamos en enseñar a la gente joven la ética del carácter, a medida que dicha gente se puso a buscar maneras más rápidas de adquirir la riqueza material nos fuimos alejando de ella. Covey considera que existe una necesidad de volver a lo que nos hizo grandes como personas. Su premisa es: «La ética del carácter enseñó que hay unos principios básicos para una vida eficaz y que las personas sólo pueden experimentar un verdadero éxito y una felicidad duradera si aprenden e integran estos principios en su carácter básico».

Las buenas costumbres ayudan en todo lo que hacemos. Son la clave del éxito verdadero.

Somos lo que hacemos reiteradamente. La excelencia, por lo tanto, no es un acto sino un hábito.

ARISTÓTELES

Capítulo 7

Ser agradecido es un hábito — el mejor que usted tendrá en la vida

No se queje porque no tiene... disfrute de lo que tiene.

H. Stanley Judd

¿Qué es lo que le llama la atención?

¿Cuántas veces al día se queja usted? Si se parece en algo a mis estudiantes, tanto los del instituto como los de la universidad, la cantidad de ocasiones es bastante elevada. Eso no es una crítica a mis estudiantes, sino sólo una declaración de cómo son las cosas. Durante los últimos treinta años, he estado haciendo algunos experimentos con mis clases y con el público de mis conferencias o charlas que han demostrado que hay mucha verdad en lo que decía el filósofo Arthur Schopenhauer: «Es muy raro que pensemos en lo que tenemos, pero siempre pensamos en aquello de lo que carecemos».

El primero es un ejercicio sencillo. Bueno, sencillo de explicar, pero no de hacer. Pedí a mis estudiantes que pasaran las veinticuatro horas siguientes sin quejarse. La primera respuesta acostumbra a ser una queja sobre la tarea. Después de quitarnos eso de delante, discutimos algunos de los particulares. Mi primera sugerencia fue que no detuvieran el experimento si les salía mal y se quejaban en el plazo de la primera hora (cosa que la mayoría de ellos hizo). Si no podían pasar esas veinticuatro horas sin lamentarse, quería que, por lo menos, fueran capaces de ver qué pocas quejas podían presentar en un día. Así que les sugerí que llevaran encima un pedazo de papel mientras lo intentaban y que cada vez que se quejaran y cada vez que se encontraran a punto de hacerlo, lo anotaran.

Al día siguiente comentamos los resultados del ejercicio. Pedí a los estudiantes que adivinaran cuántas personas habían sido capaces de no quejarse desde el día anterior. Todos ellos escribieron un número y yo hice lo mismo. En una clase de treinta personas, las predicciones acostumbran a estar entre seis y doce. Mi propia predicción siempre ha sido un cero y siempre es correcta, porque tenía la ventaja de saber lo que había sucedido todas las veces anteriores. Tardé veintitrés años en encontrar, por fin, un estudiante que fue capaz de hacerlo. Haciendo una estimación conservadora, puedo decir que he desafiado a más de 70.000 personas de todas las edades a que lo intentaran. La última vez que lo conté, encontré a cuatro que no se quejaron.

La mejor parte de la experiencia, sin embargo, fue la discusión que siguió. Formulé dos preguntas bien sencillas. ¿Cuál era el propósito del trabajo? ¿Qué habían aprendido al intentarlo? Virtualmente siempre había un acuerdo en las respuestas a ambas preguntas. La respuesta a la primera pregunta acostumbra a ser algo así: «Querías mostrarnos lo mucho que nos quejamos». Cierto. La segunda acostumbra a ser: «He aprendido que en realidad no tengo mucho de qué quejarme. Aquello de lo que me quejo es estúpido». Cierto, otra vez. Tanto si se quejaron realmente o se pillaron a punto de quejarse, fueron conscientes de lo frecuentes y lo insignificantes que eran sus quejas.

Pero eso sólo era la primera parte de la tarea. La segunda empezó justo después de la discusión. Entregué a los estudiantes una hoja de papel que decía: «Estoy agradecido por...». al principio de la hoja, y debajo había tres columnas. La primera tenía el encabezado de «Cosas». Se pedía a los estudiantes que hicieran una lista de todas las cosas materiales que estaban contentos de tener. La segunda decía: «Gente». Allí tenían que nombrar a todas las personas a las que apreciaban. La tercera decía: «Otros». Debían citar cualquier cosa por la que estuvieran agradecidos y que no encajara en las dos primeras columnas. Las de Cosas y Gente se llenaron rápidamente. El listado de Otros llevó más tiempo. Me plantearon preguntas como: «¿Qué quiere decir?» y «¿No puede darnos alguna idea?» Así que pedí que dieran algunas de sus ideas para que nos ayudaran a empezar. Algunas de los «Otros» que aparecieron fueron: libertad, oportunidad, amistad, amor, inteligencia, capacidades, salud, talentos, paz, fe, Dios, seguridad, conocimientos, experiencias, belleza, amabilidad y la lista sigue y sigue. En unos veinte minutos, las tres columnas estuvieron llenas.

La tercera parte del trabajo empezó inmediatamente. Se les pidió que en el plazo de las veinticuatro horas siguientes leyeran sus listas cuatro veces: después de comer, después de cenar, antes de irse a dormir y a la mañana siguiente antes de ir a la escuela o al trabajo. Cuando llegaron el día siguiente, les pregunté si se sentían diferentes de alguna manera a como se sentían el día antes, después de intentar no quejarse. De hecho, yo ya sabía la respuesta. Su lenguaje corporal al entrar en clase era significativamente diferente, no sólo del que tenían el día antes sino de cualquier día anterior. Había más sonrisas y más grandes, los ojos estaban más abiertos y los cuerpos más vivos. ¿Magia? No, sólo apreciación o reconocimiento. La gratitud hace maravillas con el alma. Todo lo que hemos de hacer es preguntarnos qué es lo que nos llama la atención, cuando nos concentramos en lo correcto en lugar de en lo equivocado, la vida mejora considerablemente.

Al escribir esto, no sé si he captado el verdadero espíritu de estos ejercicios. Si lo estuviera explicando en persona lo haría saltando arriba y abajo, gritando y moviendo los brazos como el mejor presentador de la televisión anunciando un partido de baloncesto. Me pongo así de emocionado respecto a lo que sucede durante este período de cuarenta y ocho horas. Después de más de treinta años de hacerlo todavía me sorprende lo eficaz que es para despertar a la gente y que se dé cuenta de lo que tiene y por lo que puede estar agradecida. De hecho, este fue uno de los dos mejores trabajos que he ofrecido en toda mi carrera de profesor.

Quiero hacer una mención especial del gran provecho que los adultos obtienen de estos sencillos ejercicios. Al principio, sólo utilizaba esta técnica a nivel de instituto. Pero lo cierto es que los adultos se quejan más que los chicos. Así que pensé que podía intentarlo con ellos. Tenga presente que muchos de mis estudiantes en la universidad tenían treinta y cuarenta años. Su respuesta fue aun más espectacular que la de los alumnos de instituto, probablemente porque habían estado expuestos a esas cosas durante más tiempo. Al final del curso se deshacían tanto en elogios respecto al valor de ese ejercicio que podía pensarse que yo había descubierto el significado de la vida. Yo no diría tanto, pero es posible que les haya ayudado a descubrir algo que no sólo añade significado a la vida, sino que también hace que sea mucho más placentera.

Ser agradecido, si se practica con regularidad, se convierte en un hábito. Y es el mejor que se puede tener porque es la manera más sana posible de ver la vida. No es sólo un hábito sino una actitud. Ser capaz de apreciar lo que tenemos es una de las claves para la plena realización. El verdadero goce empieza por ser agradecido. Puede que sea por eso que la Biblia nos recuerda que debemos empezar nuestras plegarias dando las gracias en lugar de pidiendo.

¿Sería diferente su vida si tuviera una de esas listas de tres columnas y la leyera cuatro veces al día? Creo que sí lo sería y hay una manera fácil de averiguar si tengo razón. No tardaría usted más que unos veinte minutos en redactar las tres columnas y unos pocos minutos al día el repasarla.

Funciona, se lo prometo. Es un medio sensacional para empezar a aprender a apreciar más las cosas. Al igual que otros pensamientos y acciones que se repiten con frecuencia, ser agradecido puede convertirse en una manera de vivir. Eso sí, si lo elegimos como actitud y lo convertimos en un hábito.

Cómo apreciar lo que tenemos

Benjamin Franklin decía que nunca apreciamos el valor del agua hasta que el pozo se seca. Eso también es cierto en el caso de un montón de otras cosas. A las personas les resulta fácil dar por hecho o por sentado las cosas y la libertad, especialmente si nunca hemos estado sin ellas. A veces el pasar sin algo puede enseñarnos muchísimo. Eddie Rickenbacker, el famoso piloto de la Primera Guerra Mundial, se encontró una vez a la deriva en el Océano Pacífico perdido sin remedio en un bote salvavidas durante veintiún días. Sobrevivió a tan terrible prueba y más tarde le preguntaron si eso le había enseñado algo. Dijo: «La mayor lección que he aprendido gracias a esa experiencia es que si tienes toda el agua fresca que quieres beber y toda la comida que quieres comer, jamás deberías quejarte de nada». Desgraciadamente, gimoteamos y nos quejamos por cosas insignificantes que harían felices a otras personas. Esto también puede convertirse en un hábito, en un modo de vivir. ¿Es que todos no conocemos, por lo menos, a unos cuantos quejicas constantes? Y no es exactamente divertido estar a su lado, ¿no es cierto?

En mi área, hay grupos de estudiantes de instituto y de universidad que van a México cada año para ayudar a construir viviendas para los pobres. Siempre regresan con alguna perspectiva nueva sobre la vida. Ven lo difíciles que son las cosas para los campesinos mexicanos, que carecen de muchas de las cosas que nosotros consideramos necesidades. Pero también ven lo agradecidas y alegres que están esas personas por lo poco que *sí* tienen. Estos estudiantes regresan a casa sintiéndose bien porque han ayudado a personas menos afortunadas, pero también vuelven a casa apreciando muchísimo más lo que tienen.

Desgraciadamente, necesitamos experimentar de primera mano la manera cómo vive el resto del mundo para comprender plenamente lo verdaderamente afortunados que somos. Es triste que nos hayamos vuelto inmunes a las imágenes que vemos todos los días de personas que mueren de hambre en otras partes del mundo, y también aquí. No nos produce impacto alguno hasta que nos encontramos cara a cara con ello. Hace algunos años, mi esposa Cathy y yo estuvimos en China e hicimos un viaje de cuatro horas en autobús desde un puerto cerca de Hong Kong a Canton, una importante ciudad en la parte sur del país. Yo había visto innumerables fotografías de la vida en China, pero esta experiencia me trastornó. A medida que iba escribiendo en mi diario sobre lo que estaba viendo y sintiendo, tenía que rebuscar para encontrar las palabras adecuadas. Por fin, se me ocurrieron «escualidez» y «desesperanza». Durante cientos de kilómetros todo lo que veía a cada lado del camino era una miseria que estaba más allá de mi comprensión. Por muchas que sean las veces que se nos repita y por muchas fotografías que veamos, el pleno impacto sólo lo recibimos cuando lo experimentamos por nosotros mismos. Me hizo pensar en el ejercicio de «no quejarse» y en mi diario escribí lo siguiente: «Ojalá hubieran varios autobuses detrás de nosotros llenos con mis estudiantes, tanto los jóvenes como los adultos. Ojalá pudieran ver esto y así no tendría ni que decir una palabra respecto a apreciar lo que tienen. Volverían a sus casas con más gratitud de la que jamás hayan sentido y apuesto a que ninguno de ellos tendría problema alguno para pasarse todo un día sin quejarse».

Algunos de mis colegas de profesión han pasado un año o más colaborando desinteresadamente con las organizaciones internacionales que dedican sus esfuerzos en ayudar a los países subdesarrollados. Ellos dicen, sin excepción, que esas han sido las experiencias de aprendizaje más valiosas de toda su vida. Aprendieron la alegría de dar en lugar de limitarse a tomar y aprendieron a apreciar mejor la rica abundancia de sus propias vidas. Algunos países exigen que todos sus jóvenes pasen algún tiempo cumpliendo el servicio militar, pero a mí me gustaría que exigiéramos que todos nuestros jóvenes pasaran por lo menos un año sirviendo a los demás. ¡Qué manera tan sensacional de empezar la edad adulta! ¡Y qué manera de aprender a apreciar lo que tenemos!

PIENSE, pero no se olvide de AGRADECER

En muchas de las iglesias cromwelianas de Inglaterra hay dos palabras grabadas en la piedra de sus paredes: THINK y THANK (Piensa y Agradece). Yo desearía que esas palabras estuvieran colocadas como recordatorio a nuestro alrededor: en nuestras casas, nuestros automóviles, nuestras escuelas y nuestros lugares de trabajo. Posiblemente nos ayudarían a valorar lo que tenemos. De eso es de lo que ha tratado la primera parte de este capítulo: Debemos PENSAR en lo que tenemos y desarrollar una actitud de agradecimiento.

Esta segunda parte trata del AGRADECIMIENTO. Mientras le exhorto fervientemente a que piense con frecuencia en lo que tiene, le animo con igual pasión a que utilice la palabra mágica «gracias» cada vez que tenga ocasión. No soy el único que cree que dar las gracias a los demás parece ser un arte moribundo. Tanto si se trata de un declive general en los buenos modales como la manera de pensar de muchas personas que creen tener derecho a que los demás les sirvan y les proporcionen cosas, lo cierto es que no escuchamos tanto como solíamos esa frase especial. Y sin embargo, mostrar nuestro aprecio a los demás es una de las expresiones más elevadas de respeto y cortesía, así como una de las maneras más seguras de edificar y mantener unas relaciones sólidas. William James dijo: «El principio más profundo en la naturaleza humana es el ansia de ser apreciado». Y satisfacer esa necesidad en los demás es tan fácil como gratificante.

Entre nuestros innumerables dones, uno de los más grandes son las personas especiales que enriquecen cada día nuestras vidas. Todos conocemos semejantes que saben animarnos, enseñarnos algo, hacer salir a la luz lo mejor de nosotros y sencillamente, conseguir que nos sintamos mejor. Gracias a esas personas nos esforzamos más, actuamos mejor y vivimos más plenamente. Es obvio que les apreciamos. Pero ¿se lo decimos?

Si le pidieran que hiciera una lista de las personas a las que aprecia más, escribir sus nombres ¿sería una tarea fácil? Y si le pidieran que expresara usted el motivo por el cual las aprecia, ¿sería igual de fácil escribir las razones después de cada nombre? Y ahora una pregunta más difícil. ¿Sería capaz de escribir, después de cada nombre de su lista, cuál fue la última vez que le dijo a esa persona que la aprecia? ¿Cuál sería el resultado? Al principio puede que se sienta usted raro porque tenemos un vocabulario muy amplio para quejarnos y expresar ira o enfado, pero cuando se trata de expresar nuestro aprecio parece que nos haya comido la lengua el gato. Y eso es porque hemos hecho lo primero muchas veces. Pero si es capaz de superar esa sensación extraña, va a lograr que dos personas se sientan muy bien: la persona a la que está dando las gracias y a usted mismo. Es una situación en la que todos salen ganando.

Apreciar a la gente es una cosa, pero otra muy diferente es darle las gracias. ¿Se ha fijado alguna vez en que sólo acostumbramos a decir cosas buenas de las personas cuando éstas no están presentes? ¿Por qué se lo decimos a los demás? ¿Por qué no decírselo a aquellos a los que apreciamos? ¿Por qué desperdiciar esos sentimientos de agradecimiento? Cuando alguien fallece, todo el mundo parece tener algo bueno que decir, y yo me pregunto con frecuencia ¿cuántos de esos cumplidos oyó la persona mientras estaba todavía viva? ¿Dedicamos tiempo a expresarle nuestro aprecio? ¿Es que tienen que morirse las personas para que nos demos cuenta de lo especiales que son para nosotros? Necesitamos expresar con mayor frecuencia nuestro agradecimiento a esas personas especiales que hay en nuestras vidas.

También necesitamos desarrollar el hábito de decir gracias a las personas de fuera de nuestro círculo de amigos y familiares. Me horrorizo cuando veo el modo en que muchos de los clientes tratan a sus semejantes que trabajan en gasolineras, tiendas y hoteles. Están ahí para ganarse la vida y ayudarnos, pero es frecuente que les traten como si no fueran humanos y además no tuvieran sentimientos. Y sin embargo, que fácil es decir gracias. En cuestión de segundos, podemos alegrarle el día a alguien sólo con mostrarle nuestra gratitud. Las personas tienen una necesidad imperiosa de ser apreciadas.

Pienso que también tenemos la necesidad de *expresar* nuestro aprecio. Mi madre, que probablemente era la persona más agradecida del mundo, me enseñó que si no se expresaba no se trataba de verdadero agradecimiento. Esa fue una de las primeras y más valiosas lecciones que recibí mientras crecía. Ella no me lo enseñó diciéndomelo; me lo enseñó haciéndolo y no creo que se le haya escapado nunca ni una sola oportunidad de expresar su aprecio. Ella se lo expresa a la gente en persona, les telefonea y les manda notas de agradecimiento que escribe de su puño y letra. ¡Incluso me escribe notas de agradecimiento *a mí!* Se ha ganado la reputación de ser una dama amable y graciosa. Uno de los motivos principales para ello es que domina el arte de decir gracias y siempre consigue que las demás personas se sientan apreciadas.

Ser agradecido y decir gracias son dos costumbres que tienen las personas que han descubierto lo que significa tener éxito en la vida. Aprender a apreciarlo todo es uno de los pasos más importantes que conducen a la realización y satisfacción.

Cinco cosas que hay que agradecer

Mi objetivo al enseñar que el agradecimiento es una actitud y una costumbre es ayudar a que las personas desarrollen una mayor concienciación y apreciación de lo que tienen. Al mismo tiempo, siento curiosidad por cerciorarme de que se sienten más agradecidas después de pensar en todo esto y de hacer los ejercicios. Al final de la unidad les pido que redacten una lista de sus «Primeras 5». Tanto los chicos del instituto como los adultos a los que doy clase en la universidad acostumbran a estar muy de acuerdo y aunque en algunas de las listas aparecen otras cosas, las siguientes son las elecciones del consenso:

1) Las personas especiales.
2) La libertad de elección.
3) Las oportunidades ilimitadas.
4) La educación y el saber.
5) La abundancia en general y la calidad de vida.

¡Una lista nada mala! Es un punto de partida importante para ser más agradecido.

No es cuestión de lo mucho que tengamos sino de lo mucho que podamos disfrutar...

CHARLES SPURGEON

Capítulo 8

Las buenas personas construyen sus vidas sobre una base de respeto

Trata a los demás exactamente como te gustaría que te tratasen a ti...

MATEO 7:12

El respeto por la vida

Uno de los seres humanos más importantes que jamás ha vivido, nos dejó una de las frases más sensacionales jamás escritas. Su nombre era Albert Schweitzer y la frase era su filosofía: «respeto por la vida». Tristemente, no es tan conocido como debería ser. Está a la altura de Sócrates, Buda, Lincoln, Gandhi y la Madre Teresa. De hecho, fue la Madre Teresa de su tiempo (1875–1965). Como ella, le concedieron el Premio Nobel de la Paz por servicios humanitarios. Schweitzer también fue músico, filósofo, médico, misionero y teólogo.

Una de la cosas con las que Schweitzer luchó durante muchos años fue la formación de una filosofía que captara la esencia y el significado de la vida. En su autobiografía cuenta la historia de cómo hizo un lento y difícil viaje de unos 70 kilómetros en un pequeño vapor, subiendo por un río de África, en 1915. «Muy tarde, el tercer día, en el mismísimo instante en que, al ponerse el sol, navegábamos entre un rebaño de hipopótamos, en mi mente apareció como un destello, sin haberla previsto ni buscado, la frase: "Hay que reverenciar la vida"». Al día siguiente, mientras seguía en el barco y estaba solo con sus pensamientos, definió esta frase por la que se le conoce ahora. Escribió: «Significa que la vida es sagrada por sí misma y que nuestro deber es apreciarla». Schweitzer creía que son demasiadas las personas que pasan por la vida sin ni siquiera pensar en su significa do y su valor. Él consideraba que la vida era un gran don que necesitaba ser atesorado y respetado. Luego, dijo, podemos elevarla a su verdadero valor.

Basándonos en los escritos de Schweitzer y de los que le han estudiado: «Hay que reverenciar la vida» puede resumirse como un profundo amor y aprecio por:

- La propia vida.
- Dios y la naturaleza espiritual de la humanidad.
- Las demás personas y el deseo de servirlas.
- Todas las cosas vivientes.
- La belleza en el mundo de la naturaleza.
- Los misterios de la vida que nunca comprenderemos.
- La honestidad y la integridad en todas las cosas.

La filosofía de Schweitzer –su profundo respeto– es la base sobre la que las personas buenas de verdad construyen sus vidas. Aceptan y atesoran la vida como el gran regalo que es. Atesoran el mundo y a las demás personas con quien lo comparten y cuanto más hace esto una persona, dice Schweitzer, su vida «... se vuelve más rica, más hermosa y más feliz. En lugar de sencillamente vivir, es una verdadera experiencia de vida».

Los cuatro pilares del respeto

Antes de hablar de estos cuatro pilares, quiero hacer memoria a mis lectores de algo que escribí en la introducción. Gran parte de lo que hay en este libro es viejo. El respeto es tan viejo como la propia vida. Pero no soy yo el único que cree que durante los últimos veinte años se ha deteriorado enormemente. Los sociólogos nos dicen que es porque estamos demasiado encerrados en nosotros mismos. Nos dedicamos a lo nuestro y buscamos el Número Uno. No tenemos tiempo para darles a los demás la consideración que en un tiempo se entendía como normal. Eso ahora es la excepción. Sin embargo, el respeto sigue siendo la cualidad más importante que un ser humano puede tener y siempre será la fuente primaria de la que manan las cosas buenas de la vida.

En el capítulo anterior digo que una cosa es ser agradecido y otra muy diferente expresarlo. Con el respeto es diferente. *Demostrar* nuestro respeto es la única prueba de que lo tenemos. Desde el principio de los tiempos, la gente con más éxito en el mundo ha demostrado su respeto de cuatro maneras que son los pilares de una «reverencia por la vida».

1. Modales

Sin buenos modales la sociedad humana se vuelve intolerable e imposible.
GEORGE BERNARD SHAW

Llámeles como quiera –cortesía, respeto, educación, amabilidad, consideración, etiqueta, solicitud, gentileza, etc.– nuestros modales son quien somos nosotros. Siempre se nos conocerá por el modo que tratemos a los demás y eso será siempre un factor clave para determinar el éxito que tendremos. Tom Peters y Robert Waterman, en su famoso libro, *In Search of Excelence*, escriben: «Trate a las personas como adultos. Tráteles como colegas, tráteles con dignidad, tráteles con respeto». Es un consejo imprescindible para el mundo de los negocios y también lo es para la vida diaria. En la historia del mundo, nadie se ha equivocado jamás por ser educado.

Allá por 1700, Edmund Burke, un estadista británico, apuntó: «Los modales son más importantes que las leyes». En otra palabras, si todos demostráramos respeto y consideración por los demás, no necesitaríamos leyes para regular nuestra conducta. La vida es mejor cuando nos tratamos, los unos a los otros, con respeto. Un comentario notable sobre las buenas maneras procede del experto en relaciones públicas, Henry C. Rogers, que lo hizo en 1984. Dijo: «Si los buenos modales fueran un animal, sería una especie en peligro de extinción».

Desgraciadamente, el comentario del señor Rogers tiene un triste cariz de verdad. Dice que lo que le deja atónito es que cada vez es más la gente que parece que no comprende la importancia de tratar a los demás con respeto: «Sencillamente, no soy capaz de comprender que la gente no vea que los buenos modales son una de las claves más importantes para el éxito...». Y lo cierto es que *ha* habido un descenso de los buenos modales en los últimos años y tanto en los adultos como en los niños y jóvenes. De algún modo, ser «popular» se ha vuelto más importante que ser cortés. Y tanto si nos gusta admitirlo como si no, *es cierto* que intentamos impresionar a los demás. Pero lo que muchas personas no reconocen es que la mejor manera de dar una buena impresión a los demás, es tratarles del modo en que nos gustaría que nos trataran a nosotros: con respeto y dignidad. Si tenemos buenos modales, el mundo es un lugar mejor y nosotros somos mejores personas.

2. El lenguaje

Las palabras de un hombre siempre expresarán lo que atesora en su corazón.
LUCAS 6:45

Es virtualmente imposible ocultar quién somos. Nuestras palabras revelarán, al final, lo que se guarda tanto en nuestros corazones como en nuestras mentes. Y a pesar de que no siempre nos damos cuenta de ello, cada vez que abrimos la boca decimos algo sobre nosotros mismos. El rey Salomón escribió, hace más de dos mil años, que de la boca de los sabios sólo salen palabras llenas de gracia y que a los bobos los consumen sus propios labios. Todos seríamos sabios si examináramos con mucho más cuidado lo que nuestras palabras dejan al descubierto sobre nosotros.

Cuando impartía cursos de comunicación, tanto en el instituto como en la universidad, desarrollaba con mis estudiantes una actividad sencilla que parecía tener bastante impacto. Les pedía que como grupo identificaran modos de comunicarnos verbalmente y que los dividiéramos en categorías de positivo y negativo. El resultado acostumbraba a ser algo parecido a lo siguiente:

Positivo	**Negativo**
Alabar.	Humillar.
Cumplidos sinceros.	Jurar/Decir palabrotas.
Animar.	Sarcasmo hiriente.
Agradecer.	Insultar.
Verdad/honestidad.	Reírse *de*.
Fe/confianza.	Quejarse.
Simpatía.	Fisgonear/rumorear.
Humor/reírse *con*.	Gritar.
Consejo/instrucción.	Halagos no sinceros.
Compartir buenas noticias.	Insultos raciales y sexuales.
Saludar.	Mentir/manipular.
Apoyar.	Echar la culpa.

Luego les planteaba: «¿Cuál es la que escuchan con mayor frecuencia?» Desgraciadamente, la respuesta fue la misma en todas las clases que daba. Escuchaban más negativas que positivas. La mayoría también admitió que de sus propias bocas salían más negativas que positivas. ¿Por qué? Por la misma razón que nos quejamos más veces que damos las gracias. Nos concentramos en el aspecto equivocado de la vida.

Me costó mucho tiempo aprender la importancia del lenguaje amable. Cuando empecé a trabajar en mejorar el mío, empecé a darme cuenta de que las personas a las que más admiraba utilizaban constantemente palabras que eran positivas y agradables de oír. Las personas buenas son lo bastante sensibles como para elegir sus palabras cuidadosamente. Lo que sale de nuestras bocas revela, de verdad, lo que se guarda en nuestros corazones.

3. Cumplir las reglas

Cuando... nosotros, como individuos, obedecemos leyes que nos indican que nos comportemos en beneficio de la comunidad como un todo, estamos ayudando indirectamente a promocionar el que nuestros colegas, los demás seres humanos, se dediquen a la búsqueda de la felicidad.

ARISTÓTELES

Imagínese, por un minuto, que en un partido de fútbol no hubieran reglas. ¿Sería el caos? ¿Un pandemonium? O peor aun, ¿qué pasaría si *hubiera* reglas, pero sólo uno de los dos equipos tuviera que obedecerlas? ¿Cómo se sentiría usted si su equipo estuviera obedeciendo las reglas y el otro equipo no? ¿Tratado injustamente? ¿Estafado? Claro que sí. Tenemos reglas y leyes para establecer alguna sensación de justicia o imparcialidad. Sin ellas, ¿sería caótica nuestra sociedad? Hace varios años cuando yo impartía clases de gobierno norteamericano, el libro de texto que utilizaba definía las reglas y las leyes como «regulaciones para las relaciones humanas». Ese es realmente el único motivo de que las tengamos, para que nos ayuden a ser más considerados los unos con los otros.

Hace varios años, una mujer me comentó después de una presentación: «Me ha gustado todo lo que ha dicho excepto la parte sobre obedecer las reglas». Le pregunté cuáles eran sus objeciones y me contestó que habían demasiadas reglas y que eran restrictivas. Añadió que no tenían nada que ver con tener éxito; le pregunté que si estuviéramos jugando un partido de tenis, ella querría que yo obedeciera las reglas. Le pregunté que si depositaba dinero en un banco querría que los empleados obedecieran las leyes. Le pregunté si mientras ella condujera su automóvil querría que los otros conductores obedecieran las normas y el código de tráfico. Lo que yo quería demostrar es que obedecer las reglas o las leyes de nuestra sociedad no es otra cosa más que demostrar consideración y respeto por los derechos de los demás. Es una forma de honestidad. ¿Qué llamamos a las personas que no respetan las reglas? Mentirosos, estafadores, ladrones, criminales.

A menudo oigo que la gente dice: «Las reglas se han hecho para ser rotas» y «Todo el mundo lo hace». A riesgo de parecer un mojigato o un santurrón, debo decir que no estoy de acuerdo con ninguna de esas observaciones. Las reglas no se han hecho para ser rotas, se han hecho para ser cumplidas. Y *todo el mundo* no quebranta las normas, lo que sucede es que los que lo hacen reciben más publicidad. Lo que tiene importancia no es aquello con lo que podemos salirnos con la nuestra sino la cantidad de consideración que mostramos a los demás. Obedecer las reglas significa que queremos jugar limpio y también, que la vida será más sencilla y más llena de paz. Finalmente, *sí que* tiene que ver algo con el éxito. Las personas que tienen éxito en la vida son aquellas que muestran respeto en todas sus formas.

4. La manera de apreciar las diferencias

La verdad nunca queda clara mientras asumamos que cada uno de nosotros, individualmente, es el centro del universo.

THOMAS MERTON

No hace mucho tiempo escuché un sermón sobre los peligros de juzgar a los demás. Tenía sentido, no sólo desde un punto de vista espiritual, sino también desde el psicológico. Después, cuando empecé a contar todas las veces que había juzgado a otras personas durante las diversas fases de mi vida, me sentí muy culpable. Y me sentí aun peor cuando me pregunté si se trataba de algo que yo todavía hacía. Desde que escuché ese sermón he preguntado literalmente, a cientos de personas de todas las edades y tanto dentro como fuera de la iglesia, si luchan para no juzgar a los demás y sin una sola excepción, todos han indicado que para ellos se trata de una batalla continua. Algunos de los más sabios me dijeron que no lo hacen tanto como solían, pero que se trata de un problema que tuvieron que superar.

Así que saber que no estoy solo en esta debilidad me sirvió de algún consuelo, pero no hizo que me sintiera bien del todo. Recordé que había leído que este era uno de lo hábitos que Benjamin Franklin había cambiado después de diseñar su famoso experimento de automejora. Juró buscar lo bueno que hay en los demás en lugar de encontrarles defectos o fallos y decir únicamente cosas amables sobre las personas. Explicó que este cambio había tenido un efecto importante en su vida. Desarrolló una perspectiva más positiva en las demás personas, y al mismo tiempo mejoró sus relaciones. Atribuía gran parte de su éxito como diplomático a estos rasgos.

¿Por qué la mayoría de la gente juzga a los demás? La respuesta es sencilla, pero no muy agradable de admitir. Todos somos egoístas. Nos cuidamos de nosotros mismos y es demasiado frecuente que cometamos la equivocación de confundir la realidad con la percepción limitada que tenemos de la misma. Cuando criticamos a las demás personas, la mayor parte del tiempo es porque hacen cosas de un modo diferente a como las abordamos nosotros y, por tanto, lo que estamos diciendo en realidad es: «Tú no eres bueno porque no eres como yo». He oído a personas pasar a insultarse declaradamente entre sí cuando discuten cosas tan poco importantes como los grupos de rock o los equipos de fútbol o de otros deportes. «¿Cómo es posible que te guste este grupo? ¡Es una porquería!», es lo que están pensando mientras discuten. En otras palabras «Sólo es bueno lo que a mí me gusta».

Superar nuestro egoísmo y nuestra estrecha manera de ver la vida es una señal de verdadero crecimiento y madurez. Cuando lo hacemos, empezamos a apreciar más a los demás. Tanto si se trata de creencias religiosas, como de puntos de vista políticos, edad, raza, cultura, actividad de tiempo libre o estilo de vida, necesitamos darnos cuenta de que todos tenemos dos cosas en común. Somos el resultado de una composición genética y de nuestras experiencias. Ninguna persona tiene la vida «correcta». Cuanto más aprendamos a apreciar las diferencias y la unicidad en los demás, más cerca estaremos de desarrollar nuestra propia reverencia por la vida.

Las recompensas del respeto

Cuando éramos pequeños y oímos por vez primera la palabra respeto, era algo que «debías tener o estabas obligado a tener». Se nos decía que tuviéramos buenos modales, que fuéramos justos y demostráramos respeto a los demás, especialmente a las personas mayores. ¿Por qué? Porque se nos mandaba que lo hiciéramos, o bien porque se nos aporreaba la cabeza si no lo hacíamos. Mostrar respeto era algo que *teníamos* que hacer.

Lo que quiero enfatizar aquí no son las cosas terribles que le sucederán si es usted maleducado, sino las grandes recompensas de ser respetuoso. Sólo para nombrar unas pocas, he aquí los resultados de tratar a los demás del modo que nos gustaría que ellos nos trataran:

• Desarrollamos unas habilidades y hábitos sociales eficaces.
• Hacemos que los demás se sientan bien.
• Nos ganamos el respeto de los demás.
• Establecemos buenas relaciones.
• Las demás personas nos tratan mejor.
• Nos valoramos más.
• Nos creamos una reputación sólida.

Una famosa frase de la Biblia nos recuerda que «recolectamos lo que sembramos». Y más que cualquier otra cosa, el respeto proporciona una rica cosecha en la vida. Lo que emitimos tiene una manera de volver a nosotros. La Regla de Oro –tratar a los demás como nos gustaría que nos trataran– sigue siendo de oro. De hecho, es el mejor consejo de relaciones humanas que jamás hemos recibido ni recibiremos. Las buenas personas construyen sus vidas sobre una base de respeto.

Nuestras recompensas en la vida siempre serán exactamente proporcionales a la cantidad de consideración que mostremos hacia los demás.

EARL NIGHTINGALE

Capítulo 9

La honestidad sigue siendo la mejor política

La honestidad es la mejor política en relaciones internacionales, relaciones interpersonales, trabajo, negocios, educación, familia y control del crimen porque la verdad es la única cosa que funciona y la única base sobre la que pueden construirse unas relaciones duraderas.

RAMSEY CLARK

El respeto en su forma más elevada

Este es el capítulo más importante del libro. Puede hacer muchas de las cosas que sugiero aquí –tener una actitud positiva, formarse unos buenos hábitos, reír, ser agradecido, fijarse objetivos, motivarse, trabajar mucho, ser autodisciplinado, utilizar el tiempo de una manera sabia, etc.– pero nunca tendrá ciertamente éxito a menos que todo lo que haga esté apuntalado con honestidad e integridad. Nunca conocerá la paz mental y jamás disfrutará de lo que es sentir valor propio a menos que la verdad esté profundamente insertada en su carácter. Si al leer este libro no aprende otra cosa, es mi más sincero deseo y ruego de la manera más ferviente que comprenda esta gran verdad: la honestidad siempre fue, sigue siendo y siempre será, la mejor política.

No tengo intención alguna de parecer uno de los predicadores «fuego y azufre» de la era puritana, que le amenaza con los fuegos ardientes del infierno si dice usted una mentira. Pero sí quiero intentar convencerle, con toda la pasión de que soy capaz, de que la honestidad es el ingrediente más esencial del verdadero éxito. En el capítulo anterior digo que el respeto es la base sobre la que las personas buenas construyen sus vidas. La piedra angular, la primera parte y más indispensable de esos cimientos, es la honestidad. Es el respeto en su forma más elevada.

¿Por qué estoy tan obcecado por la honestidad? Porque me costó demasiado tiempo darme cuenta de que ésta era la pieza que faltaba en mi propia búsqueda del éxito y de la realización personal. Tenía casi todas las demás piezas, pero no aquella de la que dependían todas. Yo no era un mentiroso compulsivo, ni un desfalcador o un ladrón; sólo que no era honesto en todas las cosas. Al igual que muchas otras personas, tenía la actitud de que «todo el mundo lo hace». Así que yo también lo hacía. De algún modo, ser un poco deshonesto estaba bien. Pero también como los demás, no conseguía engañarme a mí mismo. Iba descubriendo lenta y dolorosamente que no hay tal cosa como ser un poco deshonesto. Fue entonces cuando tomé la decisión consciente de ser tan honorable como pudiera en todas las cosas. Fue una decisión que cambió mi vida, una que ojalá hubiera tomado mucho antes; pero, por lo menos, me quedaban aún varios años más en los que experimentar la riqueza de una vida honesta, y algunas personas no sienten eso nunca. Ese es el motivo de que si sólo pudiera transmitir a mis hijos y a los demás jóvenes una sola cosa, sería la siguiente: Si quiere genuinamente tener éxito en la vida, la honestidad no es la *mejor* política, es la *única*.

Lo que significa la integridad

La clave para ser o convertirse en una persona honesta reside en comprender el significado de la integridad y de su relación con la honestidad. Es frecuente que las dos palabras se utilicen de un modo intercambiable, pero integridad es un término más amplio ya que con respecto a la naturaleza humana, significa estar completo. Procede de la palabra *integral*, que significa completo o no dividido. El diccionario Webster lo define como «esencial para que algo esté completo». Tener integridad es ser una persona completa, honesta y con unos estándares morales constantemente elevados. Vivir sin integridad es ser un humano incompleto. La deshonestidad retarda tanto nuestro desarrollo personal como el social, hace que no lleguemos a hacer realidad todo nuestro potencial para vivir con paz interior, que nos valoremos más, y tengamos unas relaciones sanas.

Schweitzer escribió que no podemos «reverenciar la vida» a menos que desarrollemos un código personal de ética que incluya la honestidad y la veracidad en todos nuestros tratos con las demás personas. Dice que sólo después de desarrollar esta clase de integridad podremos «sentirnos en casa en este mundo» y ser verdaderamente eficaces. La honestidad, según opinión de Schweitzer, es el elemento más básico en las personalidades de los humanos que tienen un respeto genuino por la vida.

Por qué la honestidad es una lucha tan grande

Una de las personas más honestas que he conocido jamás, me dijo recientemente: «Yo lucho con la honestidad cada día de mi vida». Quedé sorprendido y me sentí curioso ante su observación, así que acabamos por tener una larga charla al respecto. Acabé esa conversación dándome cuenta de que todos estamos atrapados en una batalla entre lo correcto y lo equivocado, entre el bien y el mal. Son fuerzas de la vida que han estado por ahí desde el principio de los tiempos y es imposible escapar estando en medio. Así es exactamente como nos colocaron y estamos decidiendo entre ambas cosas cada día.

Es triste, pero estamos rodeados de toda clase y formas de deshonestidad. Y aun es más triste el hecho de que el querer «salirnos con la nuestra» se ha convertido prácticamente en un deporte. Ser capaz de «conseguir» algo acostumbra a considerarse un logro, un hecho del que vale la pena fanfarronear abiertamente. Sólo pillan a los bobos o a los que no tienen suerte. «Todo el mundo lo hace» es el grito de guerra a la vez que la justificación para esta clase de comportamiento. Y para reforzarlo hay gran cantidad de películas y programas de televisión que parecen glorificar el engaño, la superchería y los fraudes y que virtualmente, los elevan a la categoría de Bellas Artes. Y para terminar de arreglarlo, el mundo de la publicidad nos bombardea diariamente con unos mensajes nada sutiles que dicen que deberíamos ser personas diferentes a nuestro yo real, a fin de dejar una buena impresión en los demás.

Otra razón por la que todos batallamos con la honestidad es que se trata de un trabajo duro. Exige más tiempo, pensamientos y energía de los que en ocasiones estamos deseosos de invertir. Cada día recibimos una andanada constante de mensajes que puntualizan que nos merecemos cosas, que deberíamos tenerlas ahora y que hay una manera rápida y fácil de conseguirlas. Así que a menudo elegimos la conveniencia momentánea en lugar de la integridad. ¿Por qué trabajar como esclavos en algo cuando es más fácil y rápido copiar el comportamiento de otra persona? ¿Por qué seguir todas las reglas en una transacción de negocios cuando unas cuantas mentirijillas aquí y allá pueden conseguir que cerremos el trato más deprisa y darnos un beneficio mayor? No sólo nos apuntamos a la mentalidad de «todo el mundo lo hace» sino que también desarrollamos una filosofía del atajo en la vida. Sin darnos cuenta, nos volvemos moralmente perezosos porque ser deshonestos es más fácil y rápido. Así pues ¿tiene algo de extraño que mi amigo y el resto de nosotros tengamos que luchar tanto con la honestidad?

El costo de la deshonestidad

En la introducción expongo que este es un libro sobre lo que hay de bueno en las personas y respecto a su potencial de tener una vida rica y gratificante. Casi siempre he intentado concentrarme en las recompensas de hacer lo correcto, en lugar de en los resultados negativos del tipo opuesto de comportamiento. Sin embargo, este es un caso en el que siento una necesidad de explicar algunas de las consecuencias de hacer las cosas *erróneas o equivocadas*. Siento esta necesidad porque la mayoría de la gente no comprende del todo lo insidiosa que es la deshonestidad. Yo fui uno de esos durante muchos años y quiero compartir ahora lo que he aprendido sobre el poder destructivo que puede tener en nuestras vidas.

La deshonestidad, más que cualquier otra cosa, nos impide ser el tipo de persona que podemos y queremos ser. Es como un cáncer que empieza siendo pequeño y que si no se detecta y se erradica completamente se disemina fuera de control hasta que al final, nos destruye. Sí, eso es lo que pienso de ello porque he visto cómo ha destrozado y arruinado más vidas que cualquier enfermedad conocida por la humanidad.

El gran psicólogo y filósofo, William James, escribió que nosotros mismos creamos nuestro infierno en este mundo. Dijo que lo hacemos «... al formar y adaptar nuestros caracteres de la manera equivocada». Lewis Andrews, un psicólogo contemporáneo que se apoya en las enseñanzas de los grandes filósofos, está de acuerdo con James. En su libro, *To Thine Own Self Be True*, explica su teoría de que la conducta deshonesta se encuentra en la raíz de la mayoría de nuestros problemas psicológicos. Sugiere que demos «... una mirada seria a la relación entre los valores de una persona y su salud». La deshonestidad es cara. Estos son algunos de los efectos que puede tener sobre nosotros.

La deshonestidad es un círculo vicioso. Un acto deshonesto conduce a otro. Es raro que una persona mienta, estafe o robe una sola vez. Si gana algo con ello, la tentación de volver a intentarlo es casi irresistible, y luego existe la necesidad de borrar el rastro y se utiliza otro acto deshonesto para hacerlo. Si el proceso continúa, la deshonestidad se convierte casi en un modo de vida. En otras palabras, en un hábito, el peor de todos.

La deshonestidad nos convierte en farsantes y manipuladores. En las *Confesiones* de San Agustín, escrito hace casi seiscientos años, él explica cómo consiguió subir por la escala social engañando y manipulando a otras personas. Un día mientras iba de camino a pronunciar un discurso que incluía varias mentiras, vio a un mendigo. Se preguntó el motivo de que él estuviera tan descontento y ese hombre que no tenía nada estuviera tan alegre. Luego se dio cuenta de que el mendigo era auténtico, fiel a sí mismo, mientras que el gran erudito Agustín no lo era. Dijo que eso le ayudó a darse cuenta de lo «profundamente vil» que se había vuelto como resultado de su constante falsedad. Si desempeñamos un papel durante demasiado tiempo nos perdemos en él.

La deshonestidad, al final nos atrapa. Creo firmemente que nunca «nos salimos con la nuestra» con nuestros actos deshonestos, a pesar de que a menudo pensamos que lo hacemos. Puede que haya un cierto número de ocasiones en las que no nos pillan, pero en algún lugar del camino vamos a pagar el precio, de un modo u otro. Los antiguos chinos nos recuerdan que la vida tiene siempre una manera de compensarse, y en la época moderna decimos «que lo que se va, vuelve». Y es cierto. La deshonestidad es un camino que baja por un sucio callejón trasero que conduce a otro que no tiene salida. Lo que sucede es que algunos tardan más que otros en darse cuenta de a dónde se dirigen.

La deshonestidad no puede ocultarse. ¿No es cierto que acostumbramos a saber cuándo alguien nos está mintiendo? Las personas se delatan a sí mismas. Sus palabras dicen una cosa, pero sus cuerpos pronuncian otra y nosotros captamos las señales. Lo mismo debe ser cierto cuando mentimos, o sea, que otras personas están captando las mismas señales. No engañamos a nadie más que a nosotros mismos. Tropezamos con nuestras propias mentiras, y en el proceso dañamos nuestra reputación y destruimos nuestra credibilidad.

La deshonestidad arruina relaciones. Cuando mentimos a otras personas hacemos que les sea difícil creernos en el futuro. Después de cualquier cosa que afirmamos, empiezan a aparecer signos de interrogación. Violar la confianza de otra persona es una manera segura de dañar una relación y aun es más difícil restaurarla que formarla. Sin confianza, las buenas relaciones son imposibles.

La deshonestidad ataca nuestro sistema nervioso. Citando de nuevo a *To Thine Own Self Be True*, el doctor Andrews dice que el engaño o el fraude tienen un «potente efecto psicológico» en nosotros. Recuerda que un mentor suyo le tocó un punto vulnerable cuando le aconsejó que la próxima vez que se sintiera tentado a mentir fuera consciente de sus «entrañas». Añade: «Nuestra parte manipuladora está, literalmente, asaltando nuestro centro vital...». También describe la investigación llevada a cabo en la Universidad Metodista del Sur que «... encontró evidencia que sugiere que el esfuerzo requerido para sostener una intención falsa, pone un estrés enorme en el sistema nervioso del cuerpo». Cuando somos deshonestos, lo que hacemos, literalmente, es fomentar la agitación y confusión internas. O sea, que, en esencia, nos castigamos a nosotros mismos.

La deshonestidad impide que nos realicemos. Una de las cosas más gratificantes en la vida es descubrir nuestro potencial para la realización personal y luego crecer hasta conseguirlo. Pero no podemos lograrlo si adoptamos hábitos deshonestos, ya que éstos se convierten en barricadas que impiden nuestro crecimiento y desarrollo. Si somos egoístas y deshonestos nunca sabremos cómo se siente uno al estar completo. Nunca podremos experimentar la satisfacción de ser seres humanos auténticos y este es el peor castigo de todos.

Seis razones para ser honestos

A pesar de que necesitamos ver las maneras en que la deshonestidad puede arruinar nuestras vidas, también necesitamos comprender lo que sucede cuando la vencemos. La gente que tiene integridad experimenta la vida a un nivel diferente. Es más rica, tiene mucho más significado y es mucho más gratificante. Estas son algunas de las maneras:

1. Tranquilidad de espíritu. Si alguien me preguntara qué es lo que haría de un modo diferente si tuviera la oportunidad de volver a vivir la vida de nuevo, mi respuesta sería: seré honesto en todas las cosas. De vez en cuando, vuelvo la vista atrás y contemplo mi vida con un cierto grado de vergüenza y desconcierto ante algunas de las cosas deshonestas que he dicho y hecho. Tardé demasiado tiempo en darme cuenta de que la deshonestidad es egocentrismo, en su peor manifestación. Cuando por fin caí en la cuenta, no podía creerme el cambio que tuvo lugar. Desde que me comprometí a ser honesto he conocido una paz interior que hubiera creído imposible. La honestidad lleva consigo una recompensa: una tranquilidad de espíritu o, lo que es lo mismo, una mente en paz consigo misma. Aunque no hubieran otras razones para ser honesto, esta por sí sola sería suficiente.

2. Carácter y reputación. Anteriormente en este libro ya he dicho que los hábitos o costumbres son la clave para el éxito. También son los ladrillos con los que se construye el carácter y la reputación y ningún hábito puede conformarlos tanto como la honestidad. Es uno de los más admirados de todos los rasgos humanos y siempre sale a la superficie. De hecho, brilla como un faro y las buenas personas viven bajo su luz.

3. Relaciones. Si la deshonestidad arruina las relaciones, la honestidad las une y consolida. El ingrediente más esencial de una buena relación es la confianza. Eso es cierto en todas las áreas de la vida: amistad, matrimonio, familia, negocios, educación y religión. La honestidad y la confianza crean un clima en que las buenas relaciones pueden crecer y desarrollarse.

4. Integridad. El gran psicólogo Carl Jung, decía que nuestro deseo más profundo es el de ser «íntegros». Para mí eso significa alcanzar nuestro potencial como seres humanos, convirtiéndonos en el tipo de personas que somos capaces de ser, y hasta que no satisfagamos este deseo siempre sentiremos un vacío en el mismo centro de nuestra existencia. La única manera de poder llenarlo es con integridad. Eso es lo que nos hace ser completos.

5. Salud física y mental. Si la deshonestidad se halla en la raíz de muchos de nuestros problemas psicológicos, es que la honestidad es una fuente de salud mental. Si la deshonestidad ataca nuestro sistema nervioso, es que la honestidad debe reforzarlo. Cuando somos honestos nos libramos de la culpa, la preocupación y otras formas de agitación interna. Empezamos a disfrutar de sentimientos de confianza y autorespeto.

Hay un sentimiento de tranquilidad que es el resultado de hacer las cosas correctas, de vivir como seres humanos completos. Para decirlo sencillamente, cuando somos honestos nos sentimos mejor.

6. Ser auténticos.

Esto por encima de todo, a tu propio yo debes ser fiel,
y debe seguir, como la noche al día,
que no puede ser falso con ningún hombre.

SHAKESPEARE

Si Shakespeare no hubiera elegido la escritura como profesión, probablemente se hubiera convertido en uno de los más grandes psicólogos/ filósofos de la historia. Fue su aguda perspicacia respecto al comportamiento humano lo que hizo que sus escritos fueran tan reconocidos. En el famoso verso que aparece más arriba, nos dice sencillamente que seamos auténticos, que seamos una persona de verdad en lugar de una falsa, lo que a menudo nos sentimos tentados a ser. La honestidad es una opción y cuando la elegimos, no en un conjunto particular de circunstancias sino como modo de vida, empezamos a comprender lo que significa ser una persona auténtica. Nos convertimos en lo que se suponía que debíamos ser. Algo sucede en nuestro interior, pero no podemos explicarlo a nadie. Sentimos algo increíblemente bueno y empezamos a respetarnos más que nunca. Eso es lo que significa ser fieles a nosotros mismos, y como ser auténtico nos sienta tan bien, necesariamente lo que sigue es que somos fieles a los demás.

Al principio de este capítulo dije que se trataba del más importante del libro. También ha sido el más difícil de escribir. Cuando uno tiene unos sentimientos tan fuertes como los míos respecto a la integridad, es virtualmente imposible encontrar las palabras adecuadas para transmitirlos. Sólo puedo esperar que este mensaje sobre la honestidad tenga en su vida el mismo impacto que tuvo en la mía. Necesitamos ser honestos y no por lo que puede sucedernos cuando no lo somos, sino por lo que sucede en nuestro interior cuando lo somos.

Sólo hay una manera de enfrentarse a la vida, encontrar ese sistema de valores que no esté sujeto a las tendencias de moda... que nunca vaya a cambiar y siempre dé buenos frutos en términos de proporcionarnos paz, salud y tranquilidad, incluso en medio de un mundo muy inseguro.

DR. THOMAS HORA

Capítulo 10

Las palabras amables cuestan poco, pero consiguen mucho

Hay pocas cosas en el mundo que sean más potentes que un empujón positivo. Una sonrisa. Una palabra de optimismo y de esperanza. Un «tú puedes hacerlo» cuando las cosas van mal.

RICHARD M. DEVOS

La historia de dos amigos

Cuando empecé mi carrera en la enseñanza, a la edad de veinticinco años, un colega que era unos ocho años mayor «me cobijó bajo sus alas». Me sentí honrado porque era un profesor sobresaliente y yo sabía que podía aprender muchísimo de él. Él dedicó tiempo a indicarme las cosas que yo estaba haciendo mal y a explicarme lo que a algunos de mis estudiantes no les gustaba de mí. Siempre aprecié sus críticas y trabajé mucho para mejorar en esas áreas. Cuando nos hicimos amigos, también me aconsejó sobre mi vida personal e igualmente incidió sobre las cosas que estaba haciendo mal. De nuevo aprecié sus críticas. Estaba bien tener un amigo que estaba dispuesto a ser tan honesto. Había un cierto número de áreas en las que necesitaba mejorar, tanto profesional como personalmente, y me alegró tener a alguien que me las señalara. Siempre que me apartaba del buen camino, cosa que parecía ser frecuente, él estaba allí para enseñarme cómo lo había hecho. En ocasiones, me preguntaba si alguna vez me convertiría en el profesor o la persona que yo quería ser. Pero, por lo menos, siempre tuve a alguien que me enseñó lo que estaba haciendo mal.

Al empezar el sexto año de mi carrera, Tim Hansel, que había sido transferido desde otra escuela, se unió a nuestra facultad. Desde el primer día se hizo obvio que era inmensamente popular entre los estudiantes, y como yo todavía estaba aprendiendo, quería ver en qué consistía su magia. Ya que ambos estábamos enseñando las dos mismas materias y en una de ellas nos convertimos en profesores de equipo, teníamos contacto diario. No tardé mucho en averiguar el motivo de que Tim fuera tan eficaz y gustara tanto. Parecía tener un talento especial para sacar lo mejor de las demás personas. Con sus estudiantes, en lugar de enfatizar sus equivocaciones, remarcaba lo que habían hecho bien o lo que *podían* hacer. En cada una de sus clases incluyó siempre tres cosas: saludaba a los estudiantes cuando entraban en el aula, los alababa por sus logros y los animaba constantemente a hacer lo mejor que pudieran.

Pero la cosa no paraba ahí. Tim siempre tenía algo bueno que decirme también a mí. Destacaba todas las cosas que hacía bien. Decía que me admiraba por mi dedicación y que era obvio que mi trabajo me estaba dando recompensas. Era frecuente que me recordara lo mucho que les gustaba a mis estudiantes y lo mucho que aprendían gracias a mis enseñanzas. A medida que empezamos a pasar tiempo juntos fuera de la escuela, encontró otras cosas por las que felicitarme. El efecto de todo esto fue que me ayudó a ver algunas cosas que nunca antes habían llamado mi atención: lo que estaba haciendo *bien* como maestro a la vez que como persona.

¿Qué se hizo de estas dos amistades? Es triste, pero la primera acabó después de unos veinte años, y digo que es triste porque se trataba de una persona a la que admiraba muchísimo. Tenía una distinguida carrera como profesor y era un hombre con mucha integridad. La mayoría de las críticas que me hizo eran válidas y aprendí muchísimo de él. Pero una de las razones principales por las que terminó la amistad fue que las críticas eran muy constantes y nunca se compensaban con alguna forma de alabanza y eso, al final, me agotó. La otra amistad sigue floreciendo después de treinta años. De hecho, a medida que nos vamos haciendo mayores se va enriqueciendo más. Todavía puedo fiarme de que Tim me echará una mano tanto si la necesito como si no. Sigue haciendo que yo recuerde lo que hay de bueno en el mundo y en mí. Sólo he conocido unas pocas personas que han tenido un efecto tan positivo en mi vida y él sigue disfrutando de su talento especial para sacar lo mejor de las demás personas. Y eso, afortunadamente, me incluye a mí.

La mejor de todas las habilidades

Tim ha conseguido dominar una habilidad muy concluyente, la de afirmar a los demás. Afirmar, en mi opinión, es la palabra más potente en nuestro idioma. Significa buscar y encontrar lo bueno en las personas. Significa formar a los demás y animarles. Significa encontrar motivos de alabanza y aplauso. Significa alimentar y apoyar. Significa reforzar lo que los demás hacen bien. Y más que nada, significa dar motivos de celebración a las personas.

Richard DeVos, el entusiasta fundador de la Amway Corporation, se cita al principio de este capítulo. Dice que hay pocas cosas que tengan tanto poder como un «empujón positivo». ¡Me encanta esa frase! Y estoy de acuerdo en que hay pocas cosas en la vida con más poder para el bien. Cuando hacemos algo adecuado y nos lo reconocen, nos sentimos estimulados para hacerlo aun mejor la próxima vez. Las alabanzas sinceras afloran al exterior lo mejor que hay en nosotros.

Lo triste es que no son bastantes las personas que se dan cuenta de cuánto bien puede conseguirse cuando afirman a los demás. En lugar de empujones positivos, recibimos empellones negativos. Y el motivo es que vivimos en una sociedad que parece decidida a concentrarse en lo malo o equivocado en lugar de en lo bueno o correcto. Hace más de cuarenta años, Dale Carnegie decía: «Cualquier bobo puede criticar, condenar y quejarse, y la mayoría lo hace». Qué mala suerte que su declaración siga sonando cierta en la actualidad.

Pero tenga presente que ya en el Capítulo 5, le insistía en que pensara por sí mismo y no permitiera que el mundo le encajara a la fuerza en su molde. Y en el capítulo siguiente sugería que podemos formar unos hábitos nuevos. Podemos entrenarnos en buscar lo bueno en los demás y encontrar motivos para alabarles. De esa manera, damos lugar a una de esas situaciones únicas en las que todo el mundo gana porque es imposible hacer que una persona se sienta bien sin hacer lo mismo con usted. Tal como decía Charles Fillmore: «Aumentamos aquello que alabamos. Toda la creación responde a las alabanzas y se alegra de ello». Afirmar a los demás es la habilidad más valiosa que una persona puede tener. Es fácil, es divertido y consigue unos resultados fantásticos. Y cuanto más lo hacemos, mejores somos haciéndolo.

Lecciones de Lincoln y Franklin

Dado que en la universidad elegí historia como una de las asignaturas más importantes, leí las biografías de muchos norteamericanos famosos. Esas lecturas resultaron ser la experiencia de aprendizaje más atesorada de mis muchos años como estudiante. Estudiar las vidas de las grandes personas fue la mejor manera de aprender historia y más tarde, cuando empecé a estudiar la psicología del éxito, demostró ser valiosa. De hecho, fue la lectura de esas biografías lo que me condujo a mi interés en la psicología. Nada nos ayuda tanto a comprender el significado del éxito como leer sobre semejantes que sacaron el mayor partido a sus vidas.

Dos de esas personas famosas fueron Abraham Lincoln y Benjamin Franklin. Uno es más conocido como el gran presidente que acabó con la esclavitud, y el otro como un distinguido erudito, inventor y estadista. Pero lo que a mí me interesaba más no era su fama sino el modo en cómo cada uno de estos hombres se convirtió en experto en las relaciones humanas y en el arte de afirmar a los demás. Su rasgo más significativo fue la capacidad de llevarse bien con toda clase de personas y de sacar lo mejor de ellas. De hecho, fue esta habilidad, más que cualquier otra, lo que hizo que tuvieran tanto éxito.

Mi profesor favorito de historia en la universidad adoraba profunda y sinceramente a Abraham Lincoln y parecía saberlo todo sobre él. Resultaba que su nombre era doctor Ashbrook Lincoln y, por supuesto, firmaba como «A. Lincoln». Todavía recuerdo claramente una serie de conferencias que dio sobre el genio del presidente Lincoln. Decía que la grandeza de éste residía en su capacidad para tratar con éxito a los demás. Yo estaba fascinado con las descripciones de las diversas personas que le rodeaban en la Casa Blanca. Todos tenían dos cosas en común: un talento enorme y unos egos que corrían parejos con el primero y además, pensaban que eran superiores al presidente. Pero en lugar de librarse de ellos, Lincoln les honraba. Alababa sus capacidades, les pedía consejo y les animaba a dedicar su talento y energía a servir al país. Y todo el mundo salía ganando.

A Franklin se le describe a menudo como un diplomático natural, un hombre que había nacido con una personalidad agradable para los demás. Pero eso está lejos de ser cierto. Según admitió el mismo Franklin, tenía varios defectos en su personalidad y tuvo que trabajar mucho y ser muy diligente para perfeccionar sus habilidades en relaciones humanas que, al final, lo condujeron a sus grandes logros diplomáticos. En su autobiografía, Franklin habla de lo difícil que fue superar su inclinación natural a juzgar y criticar a los demás. A su intento de mejorarse a sí mismo lo llamaba ese «atrevido y arduo proyecto». Pero su plan funcionó y al final, consiguió formar nuevas costumbres y se dedicó a buscar las características positivas de los demás para luego tomar la resolución de afirmar «... todo lo bueno que sé de todo el mundo».

Lincoln y Franklin habían descubierto una de las claves para tener éxito en la vida: afirmar a los demás. Comprendieron el gran poder del principio de que ambas partes deben salir ganando y trabajaron mucho ayudando a los demás a encontrar lo mejor de su personalidad. Al elevar a los otros se elevaron a sí mismos hasta alcanzar un lugar de honor en la historia.

¿Qué tengo yo de bueno?

Cuando enseñaba psicología, practicábamos un ejercicio para afirmar a los demás. Se trataba de una actividad sencilla y, sin embargo, de una de las técnicas más eficaces de enseñanza que haya utilizado jamás. Disponíamos las mesas en un semicírculo, frente a una sola silla a la que llamábamos la «silla caliente» y en la que cada uno de los estudiantes se sentaba por turnos. En la primera parte del ejercicio, al que estaba sentado en la silla caliente se le pedía que nos explicara al resto: «Qué tengo yo de bueno». Es obvio que esto no era fácil, pero era una parte importante de la unidad sobre la afirmación. Quería que mis estudiantes aprendieran a afirmarse *por sí solos*, o sea, que fueran capaces de reconocer sus características y hábitos positivos. Acostumbraban a tardar unos dos minutos en cumplir esta primera parte. Lo pasaban mal diciéndoles a los demás lo que les gustaba de ellos mismos. En la segunda parte, los estudiantes del semicírculo le decían al que estaba en la silla caliente lo que él o ella se le había olvidado decir. La única regla era que los comentarios no podían ser sobre el aspecto o la ropa. Luego la persona que ocupaba la silla caliente escuchaba durante varios minutos los cumplidos y las alabanzas.

Decir que este ejercicio tenía un efecto positivo sería quedarse más que corto porque tenía un efecto potente en cada persona de la habitación. Cuando lo comentábamos al día siguiente, los estudiantes todavía estaban radiantes. Hablaban de lo estupendo que había sido, no sólo escuchar cosas buenas sobre ellos mismos sino también enterarse de lo que estaban haciendo bien. Les animaba a aprovechar más sus potenciales y aumentaba su confianza y su autoestima. Les pedía que anotaran las cosas que habían aprendido de la unidad sobre afirmación en general y de este ejercicio en particular. A lo largo de los años, recibí cientos de respuestas llamativas. Aquellas con las que me he tropezado con más frecuencia son las siguientes:

- La gente tiene muchas más cosas buenas que malas.
- Necesitamos adoptar la costumbre de buscar lo que hay de bueno en los demás.
- Elevar o animar a las personas es más eficaz que destrozarlas.
- Nada sienta mejor que las alabanzas genuinas de los demás.
- Todos necesitamos reconocimiento y aliento.
- Sienta bien hacer que alguien se sienta bien.
- La afirmación saca al exterior lo mejor de las personas y ¡todo el mundo gana!

No se me ocurre una manera mejor de terminar este capítulo. Una palabra de aliento llega, realmente, muy lejos. Más de lo que usted haya soñado nunca.

Las palabras amables no cuestan mucho... Y, sin embargo, consiguen mucho.
BLAISE PASCAL

Capítulo 11

La verdadera motivación procede del interior

Sea usted quien sea o tenga la edad que tenga, si quiere conseguir un éxito permanente y sostenido, la motivación que lo impulsará hacia ese objetivo debe proceder de su interior.

PAUL J. MEYER

¿Qué es la motivación y de dónde procede?

Me piden con frecuencia que dé charlas motivadoras a educadores, padres, estudiantes, empresas, conferencias, etc. En general acepto esas invitaciones, pero no hasta que he aclarado primero un punto importante con el director del programa. Le explico que, en realidad, yo no ofrezco discursos motivadores porque no creo en ellos. Ya sé que un montón de gurús de la motivación, más que bien pagados, por todo el país pueden estar en desacuerdo conmigo, pero no creo que una persona pueda motivar a otra. Lo que sí creo es que una persona puede ayudar a otra a comprender lo que es la motivación y de dónde procede. También creo que una persona puede enseñarle a otra los ingredientes clave de la automotivación, que es la única lección verdadera. Y lo que es más importante, creo que una persona puede ayudar a otra a permanecer motivada, dándole los ánimos necesarios como hizo el amigo que describo en el capítulo anterior. Como profesor, orador y escritor, esas son las tres cosas que intento hacer.

La motivación es un concepto altamente malinterpretado. Muchas personas, cuando oyen la palabra piensan en los legendarios entrenadores deportivos, que le pedían a su equipo que «ganaran uno por Gipper»

(N. del T.: un compañero fallecido hacía poco) o «la voluntad de vencer lo es todo». Pero eso no es motivación, sino estimulación temporal. Es estupenda en los deportes y otras cosas que exigen explosiones cortas de energía, pero no funciona en la vida diaria. A menos, por supuesto, que pueda encontrar a alguien que vaya con usted todo el día, gritándole: «¡Venga, venga, venga! ¡Gana, gana, gana!»

Ese es el motivo por el cual afirmo que no creo en los discursos o charlas de motivación. Es posible que se trate solamente de que no soy del tipo «¡ra, ra, ra!», pero ese enfoque me ha parecido siempre de corta duración y vacío. Puede ser muy entretenido tirar de nuestras emociones, pero la motivación se marcha junto con el orador. Lo mismo sucede con lo escrito. Yo no creo en hacer promesas locas como «puedes tenerlo todo» o «puedes ser lo que quieras». Creo que las personas quieren y necesitan algo con más profundidad y sinceridad. Quieren algo que perdure más y les ayude a tratar con la vida como realmente es, así que en lugar de intentar motivar a las personas, intento enseñarles *sobre* la motivación y cómo pueden motivarse a sí mismas.

Existen innumerables teorías sobre la motivación. Los psicólogos nunca han sido capaces de estar de acuerdo sobre la razón de que algunas personas estén motivadas y otras no lo estén, y todos los padres, madres, profesores y patronos del mundo desearían descubrirlo. Pero no necesitamos preocuparnos por todos los misterios sobre la motivación, sólo necesitamos saber dos cosas al respecto. La primera se encuentra en el Capítulo 1, donde escribo que las personas que tienen éxito aceptan la responsabilidad de sus propias vidas. Eso significa que no se quedan esperando a que alguien las motive, sino que lo hacen ellas mismas. La segunda cosa que necesitamos comprender es el origen de la palabra motivación. Procede de *motivo*, lo que los mejores diccionarios definen como eso que se encuentra dentro del individuo y no fuera, lo que hace que esa persona actúe. En otras palabras, todas nuestras acciones tienen motivos o razones. Proceden de las necesidades que se sienten muy profundamente en nuestro interior y ninguna otra persona puede satisfacerlas por nosotros.

Y, sin embargo, vivimos en una sociedad que intenta convencernos precisamente de lo contrario. Parece como si alguien estuviera siempre ahí con un mensaje inspirador que nos dice lo que necesitamos tener o hacer. Pero esa clase de estímulo es a la vez externo y temporal, y es muy probable que resulte falso. No se trata de una verdadera motivación porque no procede de nosotros. ¿Se acuerda de cuando decía, en el Capítulo 5, que necesitamos pensar por nuestra cuenta? Bien, una parte importante de ese pensamiento incluye la motivación. Cuando es interna y profundamente enraizada puede impulsarnos hasta llegar a unos logros que están más allá de cualquier cosa que jamás hayamos supuesto que fuera posible.

Las tres claves para motivarse por sí solo

Piense por un momento en un objetivo importante que tenga. Algo que está seguro de que quiere conseguir en la vida, y ahora compruebe su motivación respondiendo a las tres preguntas siguientes:

- ¿Siente suficientes deseos de conseguirlo?
- ¿Cree realmente que puede conseguirlo?
- ¿Tiene una imagen mental clara de sí mismo consiguiéndolo?

Si su respuesta a las tres preguntas es un SÍ lleno de confianza, es que está preparado para ello, porque estas son las claves para motivarse uno mismo.

1. El deseo

La motivación empieza con una sensación de deseo... Cuando uno quiere algo se motiva para conseguirlo.

DENIS WAITLEY

El deseo es la semilla de la que surgen y crecen todos los logros. Más que cualquier otra característica, determina si vamos a ser mediocres o a tener éxito en la vida. El deseo, y no la capacidad, es lo que separa a las personas medias de las excelentes. Es ese algo extra que hace posible que la gente normal y corriente consiga realizar cosas extraordinarias. Me encanta la vieja frase «un deseo ardiente» porque es muy descriptiva. Las personas que lo sienten son casi imposibles de detener. Y cuanto más encendida es la llama, mayor es la determinación y más probable es el éxito.

Un buen ejemplo de esto fue Bárbara, una mujer que atendía una de mis clases universitarias. Como muchas personas de este programa concreto, volvía a la universidad después de una larga ausencia. Pasaba ya de los cuarenta años y quería terminar la carrera que había empezado a estudiar cuando contaba dieciocho. Era comprensible al principio que se sintiera algo intimidada. Recuerdo que decía que lo único que quería era conseguir su licenciatura y que estaría más que contenta si lo lograba conseguir una nota pasable. Cuando no hacía más que una semana que había empezado las clases me di cuenta de que en su interior ardía una verdadera pasión, no sólo de aprender sino de sobresalir. Sus primeros trabajos fueron tan sobresalientes que le sugerí que pusiera su mira un poco más arriba. ¡Estaba radiante! Y siguió produciendo trabajos de la más alta calidad. Recuerdo haber escrito en uno de sus trabajos: «¡Estás absolutamente ansiosa! Ser parte de tu enseñanza es toda una alegría». El deseo puede ser contagioso, y cuando la llama se aviva un poco pueden suceder algunas cosas realmente sorprendentes. La suya ardía brillantemente y ella elevó sus objetivos hasta conseguir notas sobresalientes y un doctorado, ambas cosas que se propuso conseguir y así lo hizo.

Un aspecto importante del deseo es el compromiso, una promesa que nos hacemos a nosotros mismos y a nadie más. Eso es lo que hace que sigamos adelante cuando las cosas se ponen muy difícil. En lugar de rendirnos frente a la adversidad o la derrota, rebotamos. La famosa psicóloga, doctora Joyce Brothers, cree que el compromiso es la cualidad esencial del éxito. Afirma: «Un compromiso total es el denominador común entre los hombres y las mujeres de éxito. Su importancia nunca se exagera». Esta clase de deseo tiene una manera particular de reforzarnos. Nos ayuda a hacer sacrificios cuando es necesario y nos ayuda a rebuscar hasta donde haga falta para conseguir un esfuerzo extra que lleve nuestros objetivos a su realización. El deseo es una fuerza interior poderosa y uno de los ingredientes clave del éxito.

2. La fe

Sus probabilidades de éxito en cualquier empresa pueden medirse siempre por su fe en sí mismo.

ROBERT COLLIER

Hace varios años descubrí que un gran porcentaje de mis estudiantes padecían una enfermedad incapacitante, que era lo que les impedía vivir como se suponía que debían hacerlo los seres humanos. Era mortal, a la vez que altamente contagiosa, ya que se había extendido por toda la facultad. Una de las cosas más extrañas era que casi ninguno de los estudiantes sabía que la sufría. De hecho, ni siquiera tenía un nombre, así que la bauticé. Les dije que había una epidemia de EPLQNP y ellos me miraron extrañados, al tiempo que se oía un coro de «¿qué?»

Les dije que EPLQNP quería decir: «excusas por las que no puedo». Más miradas extrañadas. Entonces, desenrollé un par de yardas de papel y lo clavé junto a la puerta. Luego dije: «Cada vez que se pillen hoy dando una excusa, u oigan a alguna otra persona poniendo una, quiero que lo anoten. Mañana cuando entren, escriban todas sus excusas en este papel, al que llamaremos la lista maestra de las excusas». Se llenó tan deprisa que a la mañana siguiente tuvimos que utilizar otro papel que era casi el doble de largo. Al final de la semana teníamos toda una pared cubierta con excusas que daba la gente para no hacer cosas. Pregunté si alguien podía explicar por qué yo consideraba que poner excusas de manera habitual era una enfermedad. El chico más callado de la clase levantó la mano por primera vez en todo el semestre. Dijo: «Si estamos siempre buscando excusas para *no* hacer cosas, nunca encontraremos las razones por las que *sí podemos* hacerlas». Levanté los brazos al cielo y exclamé: «¡Aleluya! Esas son las mejores "palabras de acuerdo con las que vivir", que jamás haya oído».

Nosotros *sí* necesitamos buscar más razones por las que podemos en lugar de por qué no podemos. Las únicas limitaciones que tenemos son las que nos han impuesto, primero otras personas y luego nosotros mismos. Existen porque las creemos y no desaparecerán hasta que las cambiemos por un nuevo conjunto de creencias.

En la introducción de este libro escribí que la mayoría de las personas no saben lo buenas que son y lo mucho que pueden llegar a hacer con sus vidas. Necesitamos darnos cuenta de que somos más capaces de lo que nosotros mismos nos concedemos. Tenemos unos recursos internos que nunca utilizamos. Pero recuerde que eso son buenas noticias. El primer paso para aprovechar todo ese potencial es aumentar nuestra fe en nosotros mismos, por lo menos, lo suficiente para intentarlo incluso a riesgo de fracasar. Al final, este esfuerzo da su recompensa ya que conduce a pequeños logros y desarrolla la confianza en uno mismo. Esto, a su vez, nos trae más éxito. A medida que los hábitos del pensamiento constructivo se van apoderando de nosotros, un ciclo nuevo se pone en movimiento. Creemos en nosotros mismos y empezamos a buscar razones por las que *sí podemos*.

Richard DeVos, un hombre de negocios de mucho éxito dice que a él le preguntan con frecuencia cuáles son sus secretos sobre la motivación. Pero él insiste en que no sabe nada de la motivación y que no tiene secretos, trucos o artimañas y que lo más valioso que ha aprendido jamás es que la mayoría de la gente puede conseguir lo que sea que cree que puede conseguir: «Más que cualquier otra lección, mis experiencias han conspirado para enseñarme el valor de un esfuerzo determinado y confiado... Crea que puede y averiguará que ¡sí puede! ¡Inténtelo! Se sorprenderá al ver cuántas cosas buenas pueden suceder».

Las cosas buenas ocurren porque cuando creemos, *hacemos* que sucedan.

3. La imagen mental

Antes de poder hacer una cosa, debe primero verla claramente en su mente.
ALEX MORRISON

A principios de 1930, un ingeniero llamado Joseph Strauss acudía con frecuencia a un lugar de San Francisco desde donde podía ver la entrada de la Bahía. En su mente se formó una imagen de un hermoso puente que conectaba ambas orillas. Cuanto más pensaba en ello, más nítida se hacía la imagen. En el año 2002 celebramos el 65 aniversario de su sueño, el puente Golden Gate.

En 1961, el presidente John Kennedy dijo que deberíamos tener el objetivo de colocar a un hombre en la luna y devolverlo sano y salvo a la tierra antes de que terminara la década. Millones de personas pensaban que eso era imposible, pero un decidido grupo de ingenieros de la NASA ya tenían en sus mentes unas imágenes muy claras en las que veían cómo sucedería. Cuando vimos como Neil Armstrong andaba por la luna y volvía a la tierra, en 1969, ellos ya lo habían visto miles de veces.

Cuando Bill Gates aún no se había graduado en Harvard, el ordenador personal todavía se encontraba en sus primeras fases de desarrollo. La mayoría de la gente lo veía como una máquina que se utilizaría para almacenar grandes cantidades de datos y para el procesado de palabras. Gates vio otras posibilidades. Él imaginó muchas de las cosas que hacemos hoy en día con nuestros ordenadores. Pensaba con frecuencia en ellas mientras asistía a clases sobre temas en los que no estaba especialmente interesado y no sólo pensaba en ellos, sino que empezó a visualizar el software que revolucionaría el modo en que vivimos. Las imágenes de su mente se convirtieron en dibujos sobre papel. El resto de la historia ya lo conocemos.

Tiger Woods es uno de los muchos atletas de élite mundial que forma vívidas imágenes mentales para prepararse para las competiciones. En el libro que publicó en 2001, *How I Play Golf*, explica algunas de las técnicas que ha desarrollado. Habla del «juego dentro del juego» y de lo importante que es dominar el aspecto mental de cualquier deporte. Antes del torneo del master, ve vídeos tanto de sí mismo como de otros jugadores a los que ha ganado. Eso le ayuda tanto a «ver» como a «sentir» el campo de golf antes de llegar a Augusta. También afirma que un «recuerdo instantáneo de los éxitos pasados» le ayuda a preparase para un tiro concreto. En el ojo de su mente, él se ve a sí mismo teniendo éxito antes de alcanzarlo de verdad, físicamente.

La técnica utilizada en los cuatro ejemplos descritos se conoce por nombres diferentes: visualización, ensayo mental, fantasía guiada. Yo lo llamo formar una imagen mental. Tenga presente que no pensamos con palabras, lo hacemos con imágenes. Y cuanto más claramente y con mayor frecuencia nos veamos haciendo algo, más probable es que lo logremos. Todo empieza en la mente y nuestras imágenes son unos motivadores sensacionales.

El doctor Charles Garfield es un psicólogo de la Universidad de California que se ha especializado durante años en estudiar los hábitos de los grandes hombres de la ciencia, los negocios, la industria y los deportes. Escribió sobre muchos de ellos en su libro *Peak Performers*.

Dice que hay algo que todos ellos aplican: «... dicen tener una capacidad altamente desarrollada para imprimir en la mente imágenes de acciones que tienen éxito. Practican, mentalmente, habilidades y comportamientos concretos que conducen a esos resultados y logros que al final alcanzan». Garfield también habla de algo que todos ellos creen: «Todos sostienen que el potencial para incrementar los logros y el autodesarrollo existe en todo el mundo y que el punto de partida es una decisión interna de ser excelente».

Si tiene usted un deseo ardiente, una fe o creencia sólida y una imagen clara, tiene usted toda la motivación que puede necesitar jamás.

La motivación es un impulso interno.

DENIS WAITLEY

Capítulo 12

Los objetivos son sueños con fecha límite

Las personas con objetivos tienen éxito porque saben a donde van.
EARL NIGHTINGALE

Motivación y objetivos: una combinación poderosa

Hay un buen motivo para que el capítulo sobre objetivos vaya detrás del de la motivación. Las dos cosas juntas son no sólo la mayor fuente de poder humano sino la semilla de todo éxito. Cuando combinamos la motivación con nuestros objetivos, prácticamente no existe nada que pueda detenernos. Todos los logros, por grandes o pequeños que sean, se inician como objetivos y su combustible es la motivación.

En el capítulo anterior dije que a menudo me piden que dé charlas motivadoras, y a pesar de que no creo en ellas *acepto* la mayoría de las invitaciones. ¿Le parece una contradicción? No lo es. En lugar de intentar motivar a las personas, les hablo de la importancia de la automotivación y explico el papel que desempeñan el deseo, la creencia o fe, y las imágenes mentales. Luego hablo de mi tema favorito: los objetivos. No hay otra cosa sobre la que prefiero hablar, escribir o enseñar. Los objetivos no sólo engloban toda la vida sino que son los automotivadores más eficaces que podemos tener. Los objetivos que fijamos y la profundidad de nuestra motivación determinará, más que cualquier otra cosa, lo que hacemos con nuestras vidas.

Por qué son tan importantes los objetivos

Hay muchas maneras de definir el éxito, pero la mejor que he visto nunca es la siguiente: *El éxito es la consecución progresiva de unos objetivos que valgan la pena.*

Si hay una cosa sobre la que todos los expertos en logros humanos están de acuerdo, es la importancia de establecer objetivos. El éxito no se da por accidente. Sucede intencionadamente. Charles Garfield, el psicólogo citado en el capítulo anterior, ha trabajado con astronautas, atletas de primera fila, científicos, inventores, líderes de negocios y otras grandes personalidades. Cree que cualquier tipo de éxito «empieza con una misión»: un objetivo concreto acompañado de un gran deseo. Los objetivos han sido el punto de partida de todos los adelantos en la historia de la humanidad. El proceso siempre es el mismo: un sueño se convierte en un objetivo, el objetivo se convierte en un logro. O, según las palabras de Napoleón Hill: «Lo que la mente del hombre es capaz de concebir y creer, puede hacerlo realidad».

Vivir sin objetivos es como irse de viaje sin un destino final. Si no sabe usted a dónde se dirige, probablemente termine en ninguna parte y cualquier camino lo llevará hasta allí. A pesar de vivir en un país con oportunidades ilimitadas, así es como acaban millones de personas: en ninguna parte y, sin embargo, parecen no comprender el motivo. Es trágico, pero veo a muchas personas jóvenes que se dirigen a ese mismo lugar, y lo es porque no tendría porqué ser así. Existe algo relativamente sencillo que puede cambiar el curso de la vida de cualquiera sin depender para nada de la edad o las circunstancias. Ese algo es un conjunto de objetivos, claramente definido.

Desgraciadamente, no aprendimos nada sobre los objetivos en las aulas. Y a pesar de lo sensacional que es nuestro sistema educativo, carece de algunas áreas vitales. Es por eso que ya dije en la introducción que en la escuela no enseñamos «cómo funciona la vida» o «lo que es esencial». Establecer objetivos es una de esas cosas esenciales y confío que este capítulo llene uno de los vacíos de su educación. A lo largo de los últimos veinte años, he visto vidas (incluyendo la mía) que cambiaban de manera espectacular a causa de los objetivos. Es casi increíble lo que puede hacer la gente cuando descubre qué son los objetivos, los beneficios de establecerlos y la manera de alcanzarlos.

Los beneficios de fijar unos objetivos

Tener unos objetivos puede enriquecer nuestras vidas de muchas maneras:

- **Motivación.** Los objetivos son los puntos de partida de la motivación y nos dan una razón para sacudirnos el aburrimiento y ponernos en marcha.

- **Independencia.** Los objetivos nos ayudan a ponernos al mando de nuestras propias vidas. En lugar de seguir a la manada o vagar por la vida, elegimos nuestro camino, ese que conduce a la realización de nuestras ambiciones.

- **Dirección.** Los objetivos nos proporcionan un destino. Es muchísimo más probable que lleguemos a alguna parte cuando sabemos a dónde vamos.

- **Significado.** Los objetivos nos dan una sensación de propósito. La vida tiene más significado cuando tenemos claro lo que queremos. En lugar de limitarnos a existir de un día al siguiente, nuestros objetivos nos dan razones para empezar a vivir realmente.

- **Disfrute.** Los objetivos son el antídoto para la más temible de todas las enfermedades sociales: el aburrimiento. ¿Cómo se puede estar aburrido cuando uno tiene cosas emocionantes que hacer? Los objetivos hacen que nuestras vidas sean más divertidas, más interesantes y más retadoras.

- **Realización.** Los objetivos, más que cualquier otra cosa, nos ayudan a alcanzar nuestro potencial. Establecer unos objetivos nos ayuda a ver lo que es posible, y cada paso dado con éxito hacia su consecución aumenta la confianza. Cada objetivo conseguido nos ayuda a ver más de lo que es posible y nos conduce a nuevos objetivos y más éxitos.

Cuando un sueño se convierte en un objetivo

Di un curso en la facultad sobre cambio y planificación de las organizaciones que incluía el establecimiento de objetivos corporativos. Como quería que mis estudiantes también tomaran en consideración el cambio y la planificación personal, dediqué parte de la clase al establecimiento de objetivos individuales. En 1987, puse un trabajo sencillo para hacer en casa: anotar diez objetivos que durarán toda la vida. En la clase siguiente pedí a cada estudiante que nos contara uno de ellos. Diana, una mujer maravillosa y entusiasta que tenía unos cuarenta y tantos años, fue la primera. Dijo: «Siempre he tenido el sueño de vivir en Europa algún día». Contesté: «Eso es sensacional y casi es un objetivo. Podemos convertirlo en uno haciendo un par de cosas sencillas». Recibí unas miradas extrañadas y la pregunta que esperaba a continuación: «¿Por qué no es un objetivo?», quiso saber Diana.

«Los objetivos son sueños con fecha límite», fue mi respuesta y expliqué que cuando ponemos una fecha límite en nuestros sueños, ese es el primer paso para convertirlos en objetivos. La siguiente pregunta: «¿Cuál es la otra cosa que se necesita para convertirlo en un objetivo?» Respuesta: «Europa es un lugar muy grande, todo un continente. ¿Qué les parecería reducirlo a un país concreto, o mejor aun, a una región o una ciudad?» Seguí explicando que «el sueño de vivir algún día en Europa» era un buen ejemplo de un «casi objetivo». Son fantasías que habitualmente no se hacen realidad porque no son lo bastante claras. La mente humana no avanzará en la dirección de una generalidad; lo hará cuando tenga algo concreto a lo que apuntar. Un buen ejemplo es el que di en el capítulo anterior. Cuanto más vívida y detallada era la imagen que Joseph Strauss tenía del puente Golden Gate, más avanzaba hacia su objectivo de hacerlo realidad.

Los adultos de esta clase concreta parecían estar especialmente interesados en los objetivos, así que hicimos ejercicios adicionales y les enseñé los principios básicos del establecimiento y consecución de objetivos. Cuando más adelante terminaron una evaluación del contenido del curso, todos opinaron que la unidad sobre el establecimiento de objetivos individuales había sido la más valiosa. Más adelante, ese mismo año, todos recibieron sus títulos universitarios y poco después lo celebramos con una fiesta en la que se reunió toda la clase, luego, tomamos caminos separados.

Alrededor de tres años más tarde, recibí un sobre con un matasellos de Viena, Austria. Lo abrí y leí las siguientes palabras que estaban escritas en la parte superior de la página: ¡LOS OBJETIVOS SON SUEÑOS CON FECHA LÍMITE!» Era una carta de Diana. Me explicaba que había cambiado su «algún día» por un año concreto y luego había reducido «Europa», primero a Austria y luego a Viena. Tenía un trabajo maravilloso en las Naciones Unidas y se había prometido en matrimonio. Su sueño se había hecho realidad y ¡aun más! Cerca del final de su carta decía que conocía que yo tenía una larga lista de objetivos de viaje. «¿Está Viena en la lista? ¿Ha estado alguna vez aquí? ¿Hay alguna probabilidad de que venga usted a Austria?», quería saber. Mis respuestas fueron «Sí, no y sí». Viena estaba en mi lista porque nunca había estado allí y resultaba que se encontraba en el itinerario de un viaje que tenía planeado para ese verano. Menos de dos meses después de recibir su carta, Diana, su novio, mi esposa Cathy y yo cenamos juntos en Viena. ¡Qué acontecimiento!

Este es un ejemplo definitorio de lo que puede suceder cuando un sueño se convierte en un objetivo. Piense en lo que podría ocurrir si se sentara y escribiera toda una lista de objetivos y luego empezara a trabajar en ellos. Sé exactamente lo que sucedería porque hice eso mismo hace unos veinte años. Esos objetivos se convirtieron en el mapa de una vida muy gratificante. Tenía unos treinta años cuando me enteré por vez primera de los principios y beneficios del establecimiento de objetivos. Los objetivos que escribí entonces y los que he ido añadiendo, han enriquecido mi vida más allá de todo lo que podía haber creído que era posible. Ahora que estoy en la cincuentena, tengo más objetivos que nunca y lo paso maravillosamente bien tachando los que he alcanzado y añadiendo nuevos. Créame, ¡es una diversión sensacional!

Mis mejores sugerencias

Si me concedieran un deseo para la mejora de la educación en este país, sería el de incluir la instrucción en el establecimiento de objetivos en todas las escuelas y universidades. ¡Tan importante es! Más que cualquier otra cosa, los objetivos nos proporcionan dirección, conducen a la realización y tienen por resultado unas vidas gratificantes. He estado pensando en escribir todo un libro sobre los objetivos porque es mucho lo que se puede decir sobre las ventajas y los beneficios de tenerlos. Dirijo talleres que duran todo un día sobre el establecimiento de objetivos y doy unidades completas sobre ello, pero nunca me parece que lo cubro todo. Así que en un libro de esta naturaleza, no podría presentarle todo. Sin embargo, puedo hacerle las sugerencias siguientes que le serán útiles para empezar a establecer objetivos y aumentar el nivel de emoción de su vida.

1. Comprenda la diferencia entre un objetivo y un deseo

Pregunte a cien personas cuáles son sus objetivos y las tres respuestas que obtendrá con mayor frecuencia son: ser feliz, ser rico y ser famoso. Eso no son objetivos, son deseos. Un deseo es una fantasía que deseamos que nos suceda *a* nosotros. Hay una diferencia inmensa entre eso y un objetivo. Un objetivo es una imagen clara que se convierte en un logro porque *hacemos* que suceda. Exige trabajo duro, autodisciplina y una buena utilización del tiempo, que resulta que son los temas de los tres capítulos siguientes.

2. Anote sus objetivos y haga que sean concretos

Trazamos planos para edificios y hacemos planes para negocios, reuniones, casamientos, deportes, fiestas, vacaciones, jubilaciones, etc. ¿Pero hacemos planes para nuestras vidas? Eso es lo que son los objetivos. Una de las mejores inversiones que hará en su vida es invertir algo de tiempo en sentarse, pensar y escribir una lista de objetivos. Puede convertirse en el plano de una vida excitante y gratificante. Anotar sus objetivos es el primer acto de compromiso consigo mismo. Y verlos sobre el papel es la primera fase de convertirlos en realidad.

Escriba sus objetivos lo más concretamente que pueda y póngales fechas límite. Cuanto más precisos sean, más atraída se sentirá su mente hacia ellos. He aquí algunas cosas que tomar en consideración mientras esté elaborando el plan de su vida. ¿Cuáles son los pasos que debe dar para alcanzar los grandes objetivos? ¿Cuáles son los obstáculos que tendrá que superar? ¿Qué ayuda necesita? ¿Qué es lo que necesita aprender? ¿Cuáles serán las recompensas? Cuanto más precisión utilice para describir sus objetivos, más clara se hará su imagen.

3. Clasifique sus objetivos por categorías y equilíbrelos

Una de las claves para tener éxito en la vida es vivirla con cierta sensación de equilibrio. Tener objetivos en una única categoría es ponernos anteojeras, cosa que reduce nuestra visión y hace que nos volvamos unidimensionales. La mejor manera de evitarlo es dividir nuestros objetivos en categorías que nos permitan experimentar algunas de las grandes variedades de la vida. Esto nos ayuda a mantener las cosas en perspectiva y equilibra nuestros objetivos así como nuestras vidas.

La primera lista de objetivos personales que vi estaba dividida en categorías, así que yo hice lo mismo con la mía. Tenga presente que los objetivos no están tallados en piedra y no hay ninguna regla que diga que no podemos cambiar nuestros planes. En treinta años, algunos de mis objetivos e incluso algunas de mis categorías, han cambiado cuando lo han hecho mis intereses y valores. Pero sigo estando convencido de que categorías diferentes de objetivos conllevan que la vida sea más interesante. A pesar de que yo los animo a que creen sus propias categorías, puede que para empezar les sirva de ayuda ver las que tengo en la actualidad:

- Educación.
- Carrera.
- Ingresos.
- Poseer (cosas que quiero tener).
- Familia.
- Diversión/Aventura (cosas que quiero hacer).
- Deportes/atletismo.
- Crecimiento personal.
- Espiritual.
- Aprender a hacer.
- Viajar – en los Estados Unidos.
- Viajar – en el extranjero.

4. Repasar y revisar sus objetivos periódicamente

¿Ha hecho usted alguna vez una lista de «cosas por hacer»? ¿No es cierto que cuanto más la mira, más cosas de las que aparecen en ella están hechas? Ese es el motivo de que habitualmente tengamos esa clase de listas en algún lugar bien visible. Con los objetivos sucede lo mismo. Necesitamos «verlos» con frecuencia, como mínimo una vez a la semana. Las palabras que vemos se convierten en la imagen mental de la que escribí antes. Nos convertimos en aquello en lo que pensamos, nos convertimos en nuestras imágenes. Son como visiones previas de atracciones venideras. Visualizar periódicamente nuestros objetivos es lo que hace que avancemos en su dirección. Nos ayuda a concentrarnos en nuestros objetivos.

También es buena idea revisarlos por lo menos una vez al año. Yo lo hago cada enero. Si algo que anoté antes ya no es un objetivo, en lugar de tacharlo, escribo NO delante. Como el establecimiento de objetivos es un proceso constante, es bonito ser capaz de volver atrás de vez en cuando y ver lo mucho que uno ha cambiado. También añado nuevos objetivos y, en ocasiones, cambio las categorías o desarrollo subcategorías, tal como hice con mis objetivos de viaje cuando los dividí entre Estados Unidos y el extranjero. Otra cosa que vale la pena hacer en enero es señalar todos los objetivos que va a alcanzar durante ese año.

Mire sus objetivos con frecuencia, revíselos cuando sea necesario y, lo que es más importante, piense (imagíneselos) tanto como pueda.

Resumen

Los objetivos nos proporcionan dirección y propósito.
Los objetivos añaden significado a nuestras vidas.
Los objetivos nos desafían.
Los objetivos hacen la vida más interesante.
Los objetivos hacen la vida más gratificante.
Los objetivos mejoran la vida.

No hay virtualmente nada en la tierra que pueda detener a una persona que tenga una actitud positiva y que tenga su objetivo claramente a la vista.
DENIS WAITLEY

Capítulo 13

No hay sustituto alguno para el trabajo duro

El mejor premio que nos ofrece la vida es la posibilidad de trabajar duro en una labor que valga la pena atender.

TEODORO ROOSEVELT

Las recompensas del trabajo duro

La motivación es fantástica y los objetivos son sensacionales, pero no sucede nada hasta que les añadimos el trabajo duro. Si hay algo que vale la pena conseguir, vale un esfuerzo extremo. Las cosas buenas de la vida nos llegan como resultado de la inversión de tiempo, energía, sacrificio e incluso de correr el riesgo de fracasar, o sea, que el éxito exige una cierta cantidad de resistencia y dureza. Les llegan a las personas que no tienen temor a un desafío y de algo de trabajo duro y bien hecho, a la antigua. Si queremos que nuestros sueños se hagan realidad, eso debe ser parte de la fórmula.

Pero lo mejor que tiene el trabajo duro es que consigue hacer más cosas, además de que nuestros sueños se hagan realidad. Tiene otras recompensas y beneficios. He aquí diez de ellos:

1. El trabajo duro nos ayuda a hacer realidad nuestro potencial. A medida que nuestro trabajo empieza a dar sus frutos, nos estimula a aumentar nuestro esfuerzo. Nos ayuda a ver lo que es posible. El éxito trae confianza y la confianza trae más éxitos.

2. El trabajo duro nos ayuda a plantarle cara a la vida. La vida es dura y difícil. *(Capítulo 2)* Cada día se nos desafía a elegir entre gimotear al respecto o plantarle cara. El trabajo duro y una buena actitud son las mejores herramientas que tenemos.

3. El trabajo duro hace que nos sintamos bien. No hay un sentimiento de satisfacción mayor que el de terminar una tarea y saber que la hemos hecho lo mejor que podíamos.

4. El trabajo duro desarrolla el carácter. No hay mejor medida de quien somos que nuestra buena disposición y deseo de trabajar. Un esfuerzo honesto y constante hace salir lo mejor que hay en nosotros.

5. El trabajo duro se gana el respeto de los demás. Cuando damos lo mejor, especialmente si lo hacemos de manera constante, los demás nos admiran. Nos ganamos la confianza y la fe de los demás y también nos ganamos una reputación sólida.

6. El trabajo duro se gana nuestro propio respeto. Dar siempre lo mejor que tenemos también nos ayuda a que nos respetemos a nosotros mismos. Tanto si tenemos éxito como si no, siempre nos sentimos mejor cuando lo intentamos.

7. El trabajo duro añade significado. Trabajar para alcanzar nuestros objetivos es una de las experiencias más gratificantes y de más significado de la vida. Siempre que tengamos un propósito, tendremos una buena razón para salir de la cama por las mañanas.

8. El trabajo duro consigue los mejores resultados. Cuando somos productivos, la vida es más interesante y se disfruta más. La realización es el resultado de un esfuerzo sincero y entusiasta.

9. El trabajo duro se convierte en un hábito. Los hábitos son la clave de todos los éxitos (Capítulo 6) y los tres mejores son honestidad, buena educación y trabajo duro.

10. El trabajo duro es saludable. Cuando trabajamos mucho, utilizamos nuestra mente y cuerpo de manera positiva, cosa que ayuda la salud física y mental. Los que trabajan mucho están más sanos y viven más. El trabajo duro es bueno para nosotros.

El denominador común del éxito

Parte de la investigación más amplia sobre el tema del éxito la realizaron George y Alec Gallup, encuestadores de la opinión pública muy conocidos, y William Proctor, un periodista. Dedicaron más de mil horas a entrevistar a personas cuyos logros las han llevado a obtener un lugar en el

Who's Who in America en una amplia variedad de empeños: negocios, ciencia, arte, literatura, educación, religión, ejército, etcétera.

Las entrevistas incluían preguntas sobre los antecedentes familiares, la educación, la personalidad, los intereses, las capacidades, las creencias religiosas y los valores personales. El objetivo de los investigadores era determinar lo que tenían en común esas personas. Sus respuestas variaban mucho en estas áreas, pero existía un hilo común: la buena voluntad y disposición para trabajar mucho y muchas horas. Todos estaban de acuerdo en que el éxito no era cosa que les había sucedido debido a la suerte o a unos talentos especiales. Había ocurrido porque ellos *habían hecho* que sucediera gracias a un gran esfuerzo y una determinación obstinada. En lugar de buscar atajos y maneras de evitar el trabajo duro, estas personas le daban la bienvenida como una parte necesaria del proceso. Existía un acuerdo general entre ellos en cuanto a que las personas que tienen éxito de verdad, son las que más *se lo merecen*. Todos ellos han pagado su precio.

Cuando a uno de los entrevistados le pidieron su fórmula personal para el éxito, respondió: «... Orgullo en lo que hago, pero también el coraje y el aguante para trabajar las horas necesarias para conseguir los objetivos». Esta respuesta era representativa de casi todos y virtualmente todos, daban la mayor importancia a la disposición para trabajar mucho durante un largo período. Estaban de acuerdo en que el establecimiento de buenos hábitos de trabajo (ahí está de nuevo esa palabra) es el ingrediente más importante en cualquier tipo de éxito.

Otro objetivo de los encuestadores era responder a la pregunta: «¿Quién puede tener éxito?» La respuesta es alentadora. Después de reunir y clasificar los datos de todas sus entrevistas, llegaron a la conclusión siguiente: «Una de las lecciones de este libro es que ¡cualquiera puede tener éxito!» Son demasiadas las personas que se asignan a puestos de mediocridad en la vida cuando tienen el potencial necesario para ser mucho más. Casi todas las personas pueden tener éxito en la vida si están dispuestas a dar los pasos correctos para hacer que suceda. Los tres más importantes son motivarse, establecer objetivos y trabajar lo bastante para alcanzarlos. Los autores de la encuesta dijeron que no habían encontrado nada sorprendente como resultado de toda su investigación, pero sí que encontraron algo que apoya una creencia consagrada por el tiempo: «Así que lo que tenemos aquí es una afirmación del anticuado credo norteamericano de que el trabajo duro y la determinación recompensan».

Pero ¿y qué hay de los atajos?

Cuando yo crecía, allá por la década de 1950, el mensaje era bien sencillo. El éxito es algo que uno tiene que ganarse. Hay que ser paciente porque se necesita trabajar muchísimo y sacrificarse durante mucho tiempo. Yo opino que los medios de comunicación nos acribillan con un mensaje que es justo lo contrario: Hay una manera fácil y rápida de conseguir todo lo que queremos. Hace poco y en el plazo de dos días, oí en la radio que cualquiera puede perder veinte kilos, hablar un idioma extranjero, conseguir la licencia de contratista de obras, ser «disc jockey» y ganar millones en el mercado de bienes raíces. Ahora bien, no hay duda de que podemos hacer todas estas cosas si realmente lo queremos. Pero la parte principal de cada mensaje es que no tenemos que trabajar, esperar, luchar o afrontar sacrificio alguno. Podemos hacer todas estas cosas en cuestión de días y sin el menor esfuerzo. Puede que Santa Claus, los Reyes Magos, el Conejo de Pascua y nuestra Hada Madrina, hagan que sucedan.

Desgraciadamente, si oímos cosas con la frecuencia suficiente, empezamos a creerlas y son demasiadas las personas, de todas las edades, que se han tragado esta fórmula falsa para tener éxito. Han adoptado una mentalidad de pulsar una tecla, junto con la filosofía de vida del «rápido y fácil». Se concentran en consumir en lugar de en producir. Se concentran en el placer a corto plazo en lugar de en la satisfacción a largo plazo y luego, sufren el doloroso descubrimiento de que la vida no interactúa del modo que la retratan en los medios de comunicación. Ese es el motivo de que yo diga en el Capítulo 5 que tenemos que aprender a pensar por nosotros mismos. No hay atajos, martingalas, trucos o secretos que conduzcan al éxito. No hay más que trabajo duro y no existe ningún sustituto para eso.

El trabajo y la diversión no son cosas opuestas

Es obvio que el propósito de este capítulo es destacar los beneficios del trabajo duro. Pero no quiero implicar que a fin de tener éxito en la vida tengamos que estar trabajando todo el tiempo. Eso no sería apto para nosotros ni para las personas que nos rodean. Recuerde que en el Capítulo 3, recalqué la importancia de reír y divertirse. En el Capítulo 2, hice una lista de mis categorías de objetivos y una de las principales lleva el título de «Diversión/Aventura». Créame, me lo he pasado en grande haciendo muchas de esas cosas y soñando con las que todavía voy a intentar.

Necesitamos darnos un respiro en nuestro trabajo a fin de divertirnos y mantener el equilibrio que es tan importante en la vida. Pero también necesitamos comprender que el trabajo y la diversión no se excluyen mutuamente. Podemos reír, jugar y disfrutar mientras estamos trabajando. Creo que enseñar es uno de los trabajos más duros y difíciles del mundo, especialmente si se hace bien. Durante treinta y cinco años me he roto el trasero trabajando, pero también me lo he pasado maravillosamente. De vez en cuando, mis estudiantes de instituto y de la facultad podían ser unos chinches, pero la mayor parte del tiempo estaban ansiosos, eran educados, estaban llenos de sorpresas y era muy divertido estar con ellos. Y estoy seguro de que no soy el único que piensa así. Sólo salgo por ahí con personas positivas y conozco a un montón de abogados, médicos y hombres de negocios que también convierten su trabajo en juego. Trabajan muchísimo, pero se divierten haciéndolo.

A Armand Hammer, el gran industrial que falleció en 1990, a los 92 años, le preguntaron una vez cómo era posible que un hombre de su edad tuviera la energía para estar continuamente dando la vuelta al mundo cerrando negocios y reuniéndose con los jefes de gobierno. Dijo: «Adoro mi trabajo. Casi no puedo ni esperar la llegada de un nuevo día y nunca me despierto sin estar lleno de ideas. Todo es un reto». George Bernard Shaw, uno de los autores de obras de teatro de más éxito de todos los tiempos, había dicho algo similar alrededor de cien años antes. Escribió: «Quiero ser una persona útil hasta que me muera porque cuanto más trabajo, más vivo». Creo que Hammer y Shaw hubieran estado de acuerdo conmigo en que no hay sustituto para el trabajo duro.

Tanta infelicidad, creo, es debida a los nervios, y tener enfermos los nervios es el resultado de no tener nada que hacer, o de hacer mal una cosa, sin éxito, o de manera incompetente. De todas las personas infelices en el mundo, las que lo son más son aquellas que no han encontrado algo que quieran hacer. La verdadera felicidad llega para aquel que hace bien su trabajo y después disfruta de un período relajante y refrescante de descanso. La verdadera felicidad es el resultado de haber hecho la cantidad de trabajo correcta cada día.

LIN YUTANG

Capítulo 14

Para conseguir algo, tiene que renunciar a algo

Decida lo que quiere, elija lo que está dispuesto a dar a cambio de ello, establezca sus prioridades y ¡póngase a trabajar!

H. LAMAR HUNT

Otra clave para la realización

Motivarse a sí mismo, establecer objetivos y trabajar mucho lo llevarán muy lejos. Añádale autodisciplina y llegará aun más lejos. Es parte de la fórmula para la realización personal y puede que sea la parte más esencial porque todas las personas de éxito que he conocido o sobre las que he leído dicen que es la clave absoluta para conseguir que se solventen las cosas. Sin ella conseguirá bien poco, pero con ella logrará más de lo que nunca hubiera soñado.

Como estoy muy a favor de la autodisciplina, es importante que aclare de qué se trata. Pero como es un término que acostumbra a ser malentendido, necesito explicar primero *lo que no es*. Hay personas que creen que la autodisciplina es algo que hay que evitar porque tiene un sonido negativo. La confunden con un castigo autoinfligido. También es demasiado frecuente que se piense en ella como en una restricción que se impone uno mismo o un sacrificio o renuncia. Recientemente oí que alguien decía que las personas con autodisciplina son rígidas e inflexibles, pero todas esas ideas están equivocadas. La verdadera autodisciplina es uno de los atributos más positivos que puede tener una persona. Me gusta la manera en que el diccionario Webster la define: una formación o entrenamiento que corrige, moldea, refuerza o perfecciona. ¿Qué podría ser más positivo que esto? La autodisciplina significa que uno mismo se motiva para conseguir hacer cosas. Significa desarrollar su propio plan de logros, comprometiéndose con él y luego llevándolo a cabo. La autodisciplina también puede considerarse como autodeterminación y cuando la practique se dará cuenta de que tiene el control de su propia vida. Únicamente será usted quien decida lo que conseguirá y cuándo. Y únicamente usted decidirá lo que hará con su vida. En última instancia, la autodisciplina significa que uno asume el mando de sí mismo.

Mi propia definición de autodisciplina es la siguiente: conseguir hacer algo, incluso a pesar de que no tenga ganas de ello, porque la recompensa de conseguir hacerlo excede, de lejos, lo desagradable que puede ser temporalmente la tarea. Digamos que quiere ponerse en la mejor condición física posible y puede hacerlo, pero no sin renunciar a algo. Exige mucho trabajo, sacrificio, dolor y una gran cantidad de autodisciplina. Pregúntele a cualquier corredor, nadador, levantador de pesas o triatleta si el entrenamiento es siempre un placer. La respuesta que recibirá será un sonoro NO. Pregúntele si significa renunciar a algo agradable para hacer algo que duele y la respuesta será SÍ. Parece una cosa muy tonta de hacer, pero debe haber un motivo para ello. ¿Vale la pena todo el tiempo, dolor y sacrificio invertido? ¡SÍ! La recompensa es mucho mayor que aquello a lo que se renuncia y dura muchísimo más.

Aquello en lo que quiera ser bueno no tiene importancia alguna, y necesitará desarrollar la autodisciplina tanto si se trata de arte, música, deporte, negocios, ordenadores o jugar a los bolos, o a las canicas. El filósofo Erich Fromm decía que sin autodisciplina nuestras vidas se vuelven caóticas y faltas de concentración. Si hacemos cosas únicamente cuando estamos de humor para ello, es que no se trata más que de una afición, y añade que nunca seremos buenos en nada hasta que lo hagamos de una manera disciplinada. Una parte importante de nuestro desarrollo personal consiste en aprender a ser responsables de nosotros mismos. Eso es lo que es la autodisciplina. Significa aceptar el hecho de que la vida es dura y difícil y que nada que valga la pena nos llegará nunca fácilmente o sin tener que pagar un precio. Significa estar deseoso de renunciar a un disfrute temporal a fin de trabajar en algo que tenga una recompensa más duradera. Nos ayuda a comprender mejor lo que quería decir Benjamin Franklin cuando afirmaba que no hay ganancia sin dolor. La autodisciplina nos pone al mando tanto del dolor como de la ganancia. Entonces es cuando tiene lugar la verdadera realización.

La gratificación demorada: el corazón de la autodisciplina

Vivimos en una sociedad que adora la comodidad, la facilidad, el placer y la gratificación instantánea. Piense en cuántas cosas podemos hacer con sólo pulsar una sola tecla o botón: abrir la puerta del garage, cocinar la cena, hacer una llamada telefónica, lavar y secar la ropa, enviar un e-mail, encender la televisión, cambiar de canal, calentarnos y enfriarnos.

Y eso sólo en casa. En el automóvil y en el trabajo tenemos más botones y teclas. Pulsa una tecla y lo tendrás hecho rápida y fácilmente. Sin sudor, sin esfuerzo. Y luego para terminar de rematarlo, nos bombardean con mensajes que dicen: ¡Puedes tenerlo todo! ¡Puedes tenerlo ahora! ¡Te lo mereces! Y es obvio, que un montón de gente ha aceptado a pies juntillas esta filosofía y la sigue. Me acordaba de ello cada vez que veía ese anuncio de una tarjeta de crédito que exclamaba: «¡Domina las posibilidades!» Se ven imágenes de todas las cosas que puedes tener y de los lugares exóticos que puedes visitar sólo con enseñar un pedazo de plástico. ¡Juega ahora, paga luego! Así es como interactúa la vida. En realidad, esta *es* la manera en que la vida funciona para demasiadas personas. Buscan la manera rápida, la forma fácil y juegan ahora. Así, que pagan luego. Y créame, *¡pagan de verdad y mucho!* Ese enfoque de la vida, por muchas personas que se vean arrastradas por el mismo, es un atraso. El verdadero éxito llega cuando pagamos ahora y jugamos después. Se llama autodisciplina y en su corazón se encuentra el principio de la gratificación demorada: la voluntad y la capacidad de posponer el placer. Significa que el trabajo, el dolor y el sacrificio llegan ahora y que las cosas buenas vienen después. No existe esa cosa que llaman gratificación instantánea. No hay premio alguno que no tenga un precio.

En un capítulo anterior me referí al maravilloso libro de Scott Peck, *The Road Less Traveled*. El camino al que se refiere es el que tiene un cartel en la entrada que dice: «La vida es difícil». Resulta que esas son las tres primeras palabras del libro y el motivo de que este camino sea el menos recorrido es que son demasiadas las personas que están buscando uno *sin* dificultades. Están buscando la calle fácil y no existe. Peck dice que si primero aprendemos a programar el dolor y el sacrificio y a superarlos aumentaremos el placer que llega después. Fíjese en que no menciona que *evite* el dolor, sino que lo *programe*. Sea cual sea el precio para conseguir hacer algo, páguelo primero. Para conseguir algo, tiene que renunciar a algo.

La hora de elegir: ¿a qué está dispuesto a renunciar?

La disciplina significa que hay que elegir. Cada vez que dice usted sí a un objetivo, dice no a muchos más.

SYBIL STANTON

Tres ejemplos de elección de gratificación demorada:

1. Mis estudiantes de universidad eran, en su mayor parte, adultos que trabajaban a tiempo completo y tenían familias. El programa que seguían era intenso, por decir lo menos. Además de trabajar durante cuarenta horas o más en sus empleos, asistían a cuatro horas de clase una vez a la semana y se esperaba que dedicaran otras veinte horas a cumplir ejercicios y a leer. Si querían tener éxito en el programa, debían adoptar algunas elecciones importantes.

A qué renunciaron: Al entretenimiento, a tiempo de ocio en los fines de semana, a dormir, a vacaciones, a salidas con la familia, aficiones y a un estilo de vida relajado.

Lo que consiguieron: Conocimientos, un título universitario, el deseo de aprender durante toda la vida, una oportunidad de progresar en el trabajo, una sensación de realización, mayor autoestima, la admiración de la familia, los amigos y colegas.

2. A finales de 1980 estaba enseñando una asignatura sobre la psicología de la realización personal a un grupo de estudiantes de instituto que incluía una sección sobre autodisciplina. Yo utilizaba el ahorrar dinero como un ejemplo de algo que exigía autodisciplina. Después de clase, una de las chicas jóvenes me preguntó si durante la hora de la comida podía hablar conmigo. Unas cuantas horas más tarde me comentó que tenía un trabajo sensacional a tiempo parcial y que ganaba más de 100 dólares a la semana. Luego dijo «pero lo gasto todo». Quería que yo fuera más concreto sobre el tema de la autodisciplina y los ahorros; le pregunté en qué se gastaba el dinero. Contestó: «En cosas... y en divertirme». Le pregunté si no podría pasar con unas pocas cosas menos y con un poco menos de diversión. Me dijo que sí y elaboramos un plan por el que ella ingresaba 40 dólares cada semana en una cuenta de ahorro antes de gastar nada de su sueldo.

A qué renunció esa chica: A unas cuantas películas y conciertos de rock, unos cuantos casetes y CDs, a ropa de marca, y comida rápida y basura.

Qué consiguió: Varios días antes de graduarse me enseñó su libreta de ahorros. El saldo era de 4.851,20 dólares, un montón de dinero para una chica de instituto en 1990. A menudo había ingresado más de los 40 dólares y conseguido un interés compuesto. Además de los ahorros, había conseguido una lección práctica en economía, una experiencia inapreciable en autodisciplina, confianza en su capacidad de manejar dinero, una gran sensación de realización y más autoestima. Afirmó que la experiencia también la había ayudado a comprender que las mejores cosas de la vida no cuestan nada.

3.   Hace varios años yo era un chico que tenía el sueño de ser jugador profesional de baloncesto en la NBA. Era alto, tenía una cierta capacidad atlética y un deseo ardiente. Desde el jardín de infancia a la universidad, había trabajado para desarrollar mi cuerpo y mis habilidades y había jugado al baloncesto siempre que había tenido la oportunidad. Pero nunca llegué a la NBA, sencillamente, porque no era lo bastante bueno. Pero todo el trabajo duro no había sido en vano. *Había* una recompensa, sólo que era diferente de la que había esperado.

A qué renuncié: Parte de mi tiempo de ocio, viajes para ir a esquiar en invierno, fiestas durante la temporada y a holgazanear.

Lo que conseguí: La alegría del deporte, premios y reconocimiento, una beca completa en una universidad sobresaliente *(hoy en día valdría unos 150.000 dólares)*, unos compañeros de equipo sensacionales, una educación y un título universitario, viajar por todo Estados Unidos *(incluido Hawaii)*, unas buenas costumbres de trabajo, un entrenamiento valioso en autodisciplina y una pasión por seguir estando en buena condición física.

En cada uno de estos tres casos, compare las cosas a las que renunció con lo que se ganó. Luego responda a estas preguntas:

*   ¿Qué elección tuvo los resultados más duraderos?
*   ¿Qué elección desarrolló carácter?
*   ¿Qué elección fue más significativa?

Ahora responda a estas dos:

*   ¿Se trataba de algo que usted quería realmente?
*   ¿A qué estaba usted dispuesto a renunciar para conseguirlo?

La autodisciplina significa buenos hábitos

El éxito es la suma de pequeños esfuerzos, repetidos un día sí y otro también...

ROBERT COLLIER

Los tres casos anteriores implicaban adoptar elecciones y también la formación de hábitos. Eso es lo que es en esencia la autodisciplina: hacer las elecciones correctas y formar buenos hábitos. Conseguimos grandes cosas si solventamos las pequeñas una y otra vez. En otras palabras: el mejor camino para llegar a la realización sigue siendo practicar, practicar y practicar, sea lo que sea. Cuando desarrollamos buenos hábitos, experimentamos una acumulación de resultados y también experimentamos unos mayores sentimientos de realización. Son el resultado natural de los logros. El proceso podía resumirse en esta sencilla fórmula:

Elecciones correctas — Buenas costumbres — Logros — Realización

La mayoría de la gente se limita a contemplar cómo suceden las cosas o a preguntarse luego qué ha sucedido. La autodisciplina nos apoya para *hacer* que sucedan las cosas. Los buenos hábitos nos ayudan a conseguir hacer las cosas cuando tienen que ser hechas, no cuando nos parece que tenemos ganas de hacerlas. Esta es la clave para ser productivo y también es una de las claves de la felicidad. La autodisciplina es la manera en que convertimos nuestras capacidades en habilidades y hacemos realidad nuestro potencial. Es muy raro que nos sintamos más felices que cuando recolectamos las recompensas de nuestro trabajo duro constante.

La verdadera disciplina no se pega a su espalda aguijonéandole con imperativos; está a su lado, azuzándole con incentivos. Cuando comprenda que la disciplina es preocuparse por uno mismo y no castigarse, usted no se encogerá cuando se la mencionen, sino que la cultivará.

SYBIL STANTON

Capítulo 15

La gente que tiene éxito no encuentra tiempo, fabrica tiempo

El tiempo es vida. Es irreversible e irremplazable. Desperdiciar su tiempo es desperdiciar su vida, pero dominar su tiempo es dominar su vida y extraerle el mayor provecho.

ALAN LAKEIN

Una de las habilidades esenciales de la vida

En estos momentos, está utilizando de una manera fabulosa su tiempo ya que está leyendo mi libro. Si utiliza el resto de su tiempo con la misma sabiduría probablemente no necesita leer este capítulo. Pero si de vez en cuando cree que su tiempo y su vida marchan en direcciones opuestas, aquí podrá encontrar unas cuantas sugerencias que pueden servirle de ayuda. Los cuatro capítulos anteriores se han concentrado en habilidades que pueden ayudarle a convertir su potencial en realidad: motivación, establecimiento de objetivos, mucho trabajo y autodisciplina. Pero todavía hay una más: la utilización eficaz del tiempo. Si es capaz de combinarla con las otras cuatro, se hallará entre ese pequeño porcentaje de personas que han aprendido a gestionar su tiempo y sus vidas con éxito.

Hace más de doscientos años, Benjamin Franklin escribió que el tiempo es oportunidad y que a fin de vivir plenamente la vida, tenemos que aprender a aprovecharlo al máximo. Si amamos la vida, decía, apreciaremos muchísimo nuestro tiempo y lo utilizaremos sabiamente. Su famosa autobiografía está llena de ejemplos de cómo él lo dominaba.

A pesar de que en nuestras escuelas no se enseña cómo utilizar mejor el tiempo, ahora tenemos más recursos para aprender eso que nunca. Se han publicado más de cien libros sobre el tema, además de una amplia variedad de calendarios y planificadores, así como varios programas informáticos. A mí me convencen especialmente los materiales de gestión producidos por Stephen Covey porque siempre recuerda mucho que deberíamos gastar tiempo de *calidad* en vez de limitarnos a averiguar cómo utilizar el tiempo para que sea más productivo. Covey presentó este concepto en su clásico libro: *Los 7 hábitos de personas altamente eficaces* y lo explicó más ampliamente en su libro siguiente: *Primero lo Primero*. En este último, Covey dice: «... cada vez estamos más ocupados haciendo cosas "buenas" y nunca nos paramos a preguntarnos si lo que realmente estamos haciendo es lo que más importancia tiene».

El paso más importante es desarrollar una nueva manera de considerar el tiempo. Necesitamos verlo como un recurso que siempre está ahí, pero que como cualquier otro puede utilizarse bien o puede desperdiciarse. Pero entre este recurso y otros existe una gran diferencia: no podemos ahorrarlo, almacenarlo, amontonarlo, o acapararlo. No podemos encenderlo o apagarlo y no podemos reemplazarlo. Estamos obligados a gastarlo minuto a minuto y una vez que lo hemos agotado, no podemos recuperarlo. Ese es el motivo de que la manera en que empleamos nuestro tiempo sea la versión con la cual medimos la calidad de nuestras vidas. El tiempo *es* vida.

Ganadores y perdedores: lo que hacen con su tiempo

Concéntrese siempre en la utilización más valiosa de su tiempo. Eso es lo que separa a los ganadores de los perdedores.

BRIAN TRACY

Uno de los temas principales de este libro se expresa en el título del Capítulo 4: Vivimos por elección, no por casualidad. No hay otro lugar en que esta frase sea más evidente que en el momento de tomar decisiones respecto a la manera de utilizar nuestro tiempo. Eso es lo que separa en la vida a los ganadores de los perdedores. No es la suerte, ni la genética, la oportunidad temporal o conocer a las personas adecuadas. Es lo que hacemos con las 168 horas que tenemos cada semana. Hay algunas diferencias muy claras entre la manera que los ganadores y los perdedores ven el tiempo, hablan del tiempo y utilizan el tiempo. He aquí algunos ejemplos:

Perdedores:	Ganadores:
Matan el tiempo.	Utilizan el tiempo.
Malgastan el tiempo.	Invierten el tiempo sabiamente.
Pierden el tiempo.	Valoran el tiempo.
Permiten que el tiempo se les escape.	Organizan su tiempo.
Se toman el tiempo como algo que les corresponde por derecho.	Valoran el tiempo.
Dilapidan el tiempo.	Programan el tiempo.
No pueden encontrar tiempo.	Hacen tiempo.

Con esto no quiero decir que cualquiera que alguna vez haya desperdiciado el tiempo sea un perdedor. De vez en cuando, todos lo hacemos. Estoy hablando de personas que lo infravaloran tanto que acaban desperdiciando sus vidas. Y tampoco quiero decir que divertirse o relajarse sea una pérdida de tiempo. Ya enfaticé su importancia en el Capítulo 3. Hay personas que necesitan realmente programar más tiempo en sus vidas. La clave está en el equilibrio. Aquí lo importante es que la gente que tiene éxito en la vida comprende que el tiempo es su recurso más valioso y que es un recurso que se nos reparte a todos por igual. Todo el mundo recibe veinticuatro horas al día, pero lo que define nuestras vidas es lo que hacemos con ellas.

Tenemos todo el tiempo que necesitamos

Disponemos de más artilugios que nunca para ahorrar tiempo, y cada año aparecen en el mercado nuevos productos de alta tecnología que nos garantizan que ahorraremos aun más tiempo. Y sin embargo, jamás se había quejado tanto la gente de no tener tiempo suficiente. No hace mucho, aparecieron en el *San Francisco Chronicle* los resultados de una encuesta Gallup. El titular decía: «La gente tiene la sensación de que el tiempo se está acabando». Como el artículo seguía en la página siguiente, ese titular decía: «Los norteamericanos se sienten presionados por el tiempo». Y empezaba con estas palabras: «La lucha de los norteamericanos contra el reloj es un fenómeno considerable...». Los autores explican que a casi el ochenta por ciento de la gente de este país, les parece que el tiempo se mueve demasiado rápidamente para ellos y que no pueden atender todas las cosas que quieren hacer. Es obvio que algo está mal.

Lo que está equivocado es cómo piensa la gente respecto al tiempo. Están cometiendo dos errores básicos. Para empezar, el tiempo no marcha más rápido ahora de lo que lo hacía cuando se fabricó el primer reloj. En cada hora siguen habiendo sesenta minutos. Segundo, hay una razón muy sencilla por la que la gente no es capaz de hacer todas las cosas que quiere hacer y es que quiere abarcar demasiadas. Es posible que haga caso a ese anuncio que reza: «Puede usted tenerlo todo». Pero lo cierto es que no se puede. Y tal como ya he dicho en el capítulo anterior, para conseguir algo uno debe renunciar a algo. Aquel que crea que va a tenerlo todo y hacerlo todo jamás tendrá tiempo suficiente.

Alrededor de dos meses después de que se publicara la encuesta Gallup, apareció otro artículo en el *Chronicle* sobre personas que habían vuelto a examinar sus prioridades. Habían constatado más que atentamente la manera en que estaban gastando su tiempo y no les gustó nada lo que vieron. Lo que hicieron fue recortar drásticamente su impulso por conseguir un status y un poder y su necesidad de «tenerlo todo». Simplificaron sus vidas y dijeron que tenían más tiempo para relajarse y hacer cosas con las que disfrutaban. En realidad no tenían más tiempo que antes sino que habían decidido pasarlo de manera diferente. Aprendieron a valorarlo y a instaurar huecos para las cosas que son importantes de verdad. No es de sorprender que también afirmaran que la calidad de sus vidas había mejorado.

Oigo decir a personas de todas las edades que no tienen tiempo suficiente. Pero resulta, sencillamente, que eso no es cierto. Lo que quieren decir realmente es que no saben cómo gestionar el tiempo que tienen. La mayoría de la gente no descubre, como hizo Lee Iaccoca, que utilizar el tiempo de una manera eficaz es una habilidad. La distribución eficaz del tiempo, como en el caso de aprender a hacer funcionar un ordenador, es una habilidad que puede adquirirse. Cuanto mejores seamos en esa habilidad, más eficientes seremos, y luego empezaremos a darnos cuenta de que realmente hay muchísimo tiempo. La vieja expresión que dice que siempre podemos encontrar tiempo para cosas que sean importantes es tan cierta hoy en día como lo era la primera vez que se pronunció.

El tiempo no ha cambiado. Nosotros sí. A través de todas las épocas, los expertos han estado diciendo que hay muchísimo tiempo. He aquí unos cuantos de ellos:

Hay un tiempo para todo y una estación para cada actividad bajo el cielo...

ECCLESIASTES 3:1, REY SALOMÓN, 925 A.C.

Siempre tendremos tiempo suficiente, con tal que lo utilicemos correctamente.

GOETHE, FILÓSOFO ALEMÁN, 1700

Jamás tendremos más tiempo. Tenemos y siempre hemos tenido, todo el tiempo que hay.

ARNOLD BENNETT, ESCRITOR INGLÉS, 1910.

No existe tal cosa como falta de tiempo. Todos tenemos gran cantidad de tiempo para hacer todo lo que realmente queremos hacer.

ALAN LAKEIN, EXPERTO EN EFICIENCIA CON EL TIEMPO, 1973.

«Cada mañana cuando suena el despertador tenemos una oportunidad completamente nueva de hacer lo que queramos con las horas que se nos han concedido. Y cada día, durante el resto de nuestras vidas nos regalan esa pizarra limpia».

HYRUM SMITH, CREADOR DEL FRANKLIN PLANNER, 2000

Cuatro claves para dominar su tiempo y su vida

Hay varios libros y programas de cursillos dedicados enteramente a la gestión del tiempo personal, así que sería presuntuoso por mi parte pensar que puedo enseñarle, en una páginas, a convertirse en un experto. Pero cuando desarrollamos cualquier habilidad, siempre empezamos por lo básico. Y hay cuatro cosas que considero inapreciables. Son fáciles de comprender, pero más difíciles de poner en práctica si implica que hay que cambiar de hábitos. Pero en eso consiste la gestión eficaz del tiempo: buenas elecciones, decisiones y hábitos.

1. Planee su día

Una vida de éxito no es otra cosa más que una ristra de días con triunfos. Así que ¿por qué no saca el mayor provecho de cada uno de ellos? Los contratistas de obras tienen planos de construcción, los ejecutivos tienen planes de negocios, los entrenadores tienen planes de juego y los profesores tienen planes de lecciones. La razón es obvia, así que ¿por qué no un plan de su día? No tiene porqué ser nada complicado y tampoco tardará mucho, pero funciona.

Hay gente que lo define como hacer una lista de «cosas por hacer»; yo lo llamo fijar los objetivos diarios. Lo llame como lo llame, virtualmente todas las personas que tienen éxito lo hacen de una manera u otra.

De todas las maneras positivas en que puede invertir su tiempo, esta es la número uno. Reserve usted diez minutos de cada día (la noche antes o la primera de la mañana), anote las cosas que quiere llevar a cabo, déles un número por orden de importancia y tenga la lista en un lugar bien visible a lo largo del día. Se sorprenderá al ver lo mucho más eficaz y productivo que se vuelve usted.

Tache cada objetivo diario cuando lo haya completado. Ahí es donde aparece la parte de la recompensa. La sensación de realización es uno de los mejores sentimientos que podemos tener. Conseguir hacer algo y luego ser capaz de tomar nota de ello hace que uno se sienta estupendamente y además, muestra el progreso realizado. Si cada día hace cosas, está viviendo productivamente y esta es una parte importante del proceso. Los logros diarios son los ladrillos que van edificando una vida de éxito.

2. Concierte citas consigo mismo

Digamos que tiene una tarea que exigirá unas dos horas de trabajo y necesita tenerla lista para el próximo jueves. La mayoría de la gente se dice: «Tengo que tener eso hecho para la semana próxima». Fíjese en la diferencia cuando usted dice: «Voy a hacerlo el martes entre las 4 y las 6 de la tarde». Recuerde, la mente sólo avanza hacia cosas concretas. Si le dice a un amigo: «Algún día deberíamos reunirnos», eso no sucederá jamás. Pero si concierta una cita con su amigo, *sí* que sucederá. Tenemos tendencia a cumplir con nuestras citas.

Si tiene algo que necesita ser entendido, pero que es probable que posponga usted hasta el último minuto, hay una solución sencilla. Concierte una cita consigo mismo. Antes de afrontar cualquier otra cosa, tome la decisión de que va a conseguir hacerlo. Luego decida *cuándo* va a hacerlo y comprométase a esa hora concreta. Es tan sencillo como parece y esta técnica no sólo le ayuda a hacer más cosas sino que además tiene algunos beneficios colaterales: desarrolla la autodisciplina, ayuda al establecimiento de objetivos, ayuda a superar la costumbre de ir retrasando las cosas y le enseña a utilizar su tiempo de una manera más eficaz.

3. Utilice el enfoque de «un poquito cada vez»

Una de las maneras más eficaces de conseguir terminar tareas importantes es hacerlas poco a poco. En lugar de esperar a estar de buen humor o de disponer de la cantidad adecuada de tiempo resérvese períodos concretos en su programación diaria. Esto funciona mejor cuando el período reservado es cada día a la misma hora. La clave está en ser constante, ya que así es como se convierte en una costumbre.

Usted se acostumbra a hacerlo y cada día se lleva a cabo parte de la tarea. Utilicemos el escribir un libro como ejemplo. Es posible que le parezca un trabajo abrumador cuando se contempla como un todo. Pero si escribe usted una página cada día, incluso si descansa los sábados y los domingos, tendrá escrito un libro de 260 páginas al terminar el año.

Esta técnica podría compararse también a la construcción de una casa de ladrillos. Los ladrillos individuales son bastante pequeños y el proceso de colocarlos uno cada vez parece dolorosamente lento. Pero esos ladrillos, cuando uno se añade a otro constantemente, se convierten en algo mucho más grande que pequeños bloques de material de construcción. Podemos utilizar pequeños bloques de tiempo de una manera muy parecida. El éxito es el resultado del trabajo duro hecho poco a poco, día a día.

4. Sepa cuál es su momento más productivo

Todas las personas parecen tener «relojes corporales». Existe un cierto tiempo o momentos durante el día en que una persona se siente más productiva y, sin embargo, otra persona puede ser completamente ineficaz en esos mismos momentos. Algunos de nosotros somos personas que disfrutan trabajar en la mañana, otras personas disfrutan hacerlo en la noche. Hay personas que desaparecen a mitad de la tarde, mientras que otras se están llenando de energía. No hay dos personas que parezcan ser iguales. Lo importante es reconocer su propio reloj, la hora en que es probable que funcione usted mejor. Eso debería ser parte de su planificación diaria. Prográmese a sí mismo, si es posible, para hacer su trabajo más importante durante estas horas. Esto es lo que quiere decir maximizar el tiempo.

Una palabra final

¿Cómo puedo escribir todo un capítulo sobre la utilización eficaz del tiempo y casi ni mencionar las demoras o dilaciones? ¿No es ese el mayor problema con respecto al tiempo? La mayoría de la gente dice que lo es, pero no estoy convencido de que sea siempre malo. Todo el mundo lo hace hasta cierto punto. Hay algunas personas que de hecho, funcionan mejor posponiendo las cosas hasta el último momento y luego, lo solucionan y terminan bajo presión. Pero son una excepción. La mayoría de la gente se siente a la vez ineficaz y culpable cuando pospone las cosas.

No me he centrado en ello aquí porque si sigue usted las sugerencias para utilizar el tiempo de manera eficaz no tendrá que preocuparse por las dilaciones. No tendrá tiempo de sentirse culpable de posponer las cosas porque está demasiado ocupado haciendo cosas. Cuando se de cuenta de que su tiempo es su vida, ideará maneras para sacarle el máximo partido. El éxito depende de la utilización eficaz del tiempo. La gente que tiene éxito no encuentra tiempo; lo fabrica.

Utilice su tiempo lo mejor que pueda, a pesar de todas las dificultades de estos días.

SAN PABLO. EPÍSTOLA A LOS EFESOS 5:16

Capítulo 16

Nadie más que usted puede elevar su autoestima

La autoestima es ese sentimiento muy profundo dentro de su piel que tiene usted sobre su propio valor.

DENIS WAITLEY

Otra tendencia de California

En su famoso libro *Megatrends*, John Naisbitt dice que California es el estado líder entre los cabecillas de las tendencias. Es un lugar en que es frecuente que empiecen nuevas maneras de pensar y de hacer cosas. En la década de 1960, los «hijos de las flores» de California empezaron a cuestionar nuestros valores tradicionales e iniciaron el movimiento de paz y amor. En la década de 1970, algunos psicólogos del Área de la Bahía empezaron a enseñarle a la gente a autoactualizarse e iniciaron el movimiento del potencial humano. En 1980, un poderoso miembro de la Asamblea de California dijo que la raíz de todos los problemas de la sociedad era la gente que se sentía mal respecto a sí misma y el movimiento de la autoestima, que había empezado antes, recibió la sanción oficial.

Los primeros que se unieron a dicho movimiento fueron los educadores, luego los padres y las personas que trabajaban en los servicios sociales. Al final, los comerciantes y hombres de negocios lo aceptaron. Los expertos en autoestima parecían salir de todas partes y todos tenían un programa y una manera nueva de conseguir que nos sintiéramos mejor respecto a nosotros mismos. Y gran parte del movimiento se volvió declaradamente estúpido. Entre otras cosas, he leído y me han dicho que puedo mejorar mi autoestima enviándome a mí mismo un beso a través del espejo, cada vez que paso junto a uno, y repitiendo el mantra: «Soy especial» una y otra vez, llevando una insignia que dice «Soy adorable y capaz», consiguiendo que me den doce abrazos al día, siendo «validado» por otras personas, cambiando mi peinado, escribiendo todos mis problemas en un pedazo de papel y tirándolo a la papelera, o «soltando» hasta dos mil dólares por un fin de semana intenso de reconstrucción de mi yo interior. Esto son tonterías.

Algunas de esas bobadas siguieron durante la década de 1990, pero el movimiento de la autoestima estaba empezando a perder un poco de su esplendor. Nos gustaba más hacer dinero. Eso era lo que hacía que muchísima gente se sintiera bien respecto a sí misma: tenían más cosas. «Aquel que se muere teniendo más juguetes es el que gana», era una de las pegatinas de automóvil más populares de la década. Muchas personas estaban empezando a confundir la autoestima con un egoísmo declarado y puede que fuera por eso que muchos expertos en publicidad y mercadeo nos dijeran que fuéramos buenos con nosotros mismos porque nos lo merecíamos.

¿Parece que esté en contra de la autoestima? No es así. De hecho, estoy absolutamente a favor de ella. De lo que no estoy a favor es del movimiento a medida que fue tomando forma. Empezó con buenas intenciones, pero se salió del camino, *muy*, *muy* lejos del camino. Había demasiada gente que no comprendía lo que es la autoestima o de dónde procede, y muchos otros que estaban dispuestos a ganar mucho dinero con ello y que no sólo distorsionaron el movimiento sino que lo convirtieron en objeto de ridículo. Y se afirmó a demasiados jóvenes que todo lo que hacían era bueno, tanto si lo era como si no. Eso no sólo estaba equivocado sino que resultaba perjudicial. Los profesores de todo el país estaban practicando con sus alumnos juegos de «sentirse bien» con la esperanza de aumentar su autoestima. Lo que estaban haciendo en realidad era llenar a sus estudiantes de falsas expectativas respecto a cómo suceden las cosas en el mundo real.

La autoestima falsa frente a la real

En una de nuestras habituales conferencias un orador inspirado no presentó el discurso típico y alentador de «Pueden hacer que todos sus estudiantes se sientan bien consigo mismos». En lugar de ello, compartió honestamente con los miles de profesores asistentes, sus preocupaciones sobre la autoestima y su lugar en nuestras escuelas. Dijo que estaba absolutamente a favor de ayudar a nuestros estudiantes a elevar su autoestima, pero que su mayor preocupación era lo que él llamaba la «falsa autoestima». Dijo: «Ustedes pueden decirle a un chico durante todo el día que es maravilloso, tanto si lo es como si no, y es posible que eso haga que se sienta bien. Pero luego sale al mundo real esperando lo mismo y se encuentra con que lo aplastan». El señor Honig enfatizó que la mejor manera de aumentar la autoestima de un estudiante es darle las herramientas que puede utilizar para mejorar su vida.

Por fin, alguien estaba llegando a la verdad del asunto. Cuando terminó, yo quería acudir corriendo y darle un enorme abrazo, pero me contuve y le di un sencillo apretón de manos. Tuve la oportunidad de hablar brevemente con él y le dije que compartía su preocupación respecto a la falsa autoestima y que me alegraba de que alguien de su categoría tratara el tema. Me dijo: «Ojalá más de esos profesores con buena intención comprendieran que la autoestima ya cuidará de sí misma si somos capaces de ayudar a nuestros estudiantes a aprender las habilidades y actitudes que necesitan para tener éxito».

¿Qué es, pues, la *verdadera* autoestima? De todas las definiciones que he visto, creo que la mejor es la de Denis Waitley, que utilicé al principio de este capítulo. Me gusta su frase «muy profundo dentro de su piel». Ahí es donde se siente la verdadera autoestima. No es algo que otra persona puede darnos sino que es la manera en cómo nos sentimos realmente respecto a nosotros mismos, incluso cuando no hay nada más presente. Si la autoestima es real, procede del interior. Por sí misma, la palabra «estima» significa apreciar el valor de tener algo en alta consideración, tener un respeto genuino. Así que la autoestima es en realidad respeto por uno mismo.

Se trata de la manera en que nos sentimos genuinamente respecto a nosotros mismos, sin tener en cuenta para nada lo que dicen otras personas. Y el modo en que nos sentimos hacia nosotros mismos está estrechamente relacionado con la forma en cómo se desarrolla nuestro carácter. Sólo podemos sentirnos bien respecto a nosotros mismos cuando nuestra conducta es positiva y podemos ser plenamente responsables de ella. En última instancia, el desarrollo del carácter personal es a la vez elección y responsabilidad. Otras personas puede que ayuden o estorben, pero somos nosotros los que formamos nuestro carácter y con él determinamos nuestro nivel de autoestima. Se trata estrictamente de un trabajo interior.

De la dependencia a la independencia

Existe un momento en nuestras vidas en que tanto la imagen que tenemos de nosotros mismos como nuestra autoestima los determinan otras personas. Cuando somos niños pequeños, nuestras vidas están dominadas por los adultos y los chicos mayores. Nos vemos a través de los mensajes que recibimos de ellos. Si los mensajes son buenos, la imagen que tenemos de nosotros es buena y si son malos, es mala. La cosa está en que cuando somos pequeños respondemos a los mensajes que oímos con más frecuencia. Nos formamos una imagen nuestra y luego desarrollamos sentimientos que están de acuerdo con ella. Tenemos tendencia a convertirnos en lo que se dice de nosotros.

Pero una de las cosas más importantes que debemos comprender sobre la autoestima es que a medida que nos vamos haciendo mayores, tenemos que aprender a pensar por nosotros mismos (Capítulo 5). Necesitamos darnos cuenta de que tenemos una opción (Capítulo 4) respecto a cómo vamos a responder a los mensajes de los demás. Eleanor Roosevelt dijo en una ocasión: «Nadie puede hacer que se sienta usted inferior sin su consentimiento». Por lo tanto, nadie puede hacer que sienta usted *nada* sin su beneplácito.

Lo que importa es lo que creemos sobre nosotros mismos. Tanto si nos trataron bien o mal cuando éramos niños, ahora nuestra autoestima es nuestra responsabilidad.

Entiéndame bien. No estoy diciendo que las demás personas no sean importantes en cuanto a nuestros sentimientos. Todos necesitamos que de vez en cuando, nos digan que nos quieren, nos aprecian y nos valoran. Necesitamos nuestros propios abrazos, también. Y no sólo es necesario, sino fantástico, ser afirmado por otras personas. Por eso escribí el Capítulo 10. Pero no podemos quedarnos sentados y esperar que los demás aplaudan para poder sentirnos bien. Tenemos que hacer cosas que nos hagan sentir bien con nosotros mismos incluso sin las alabanzas. Luego, cuando llegan, reafirman lo que ya estábamos sintiendo. Es una prima sensacional.

Los demás pueden hacer muchas cosas para lograr que nos sintamos bien, pero al final, el modo en que nos sintamos respecto a nosotros es el resultado directo de lo que *nosotros* hacemos y lo que *nosotros* pensamos. La verdadera autoestima es el respeto que tenemos que ganarnos ante nosotros mismos.

Los ingredientes de la autoestima

Recuerdo muy bien que durante muchos años estuve sintiendo que tenía una autoestima muy baja, a pesar de que estaba trabajando muchísimo y teniendo muchísimo éxito en mi carrera y en unas cuantas áreas más de la vida. Pero seguía sin gustarme o respetarme a mí mismo y no sabía el motivo. Averigüé que el trabajo duro y una carrera de éxito no son suficientes si te faltan los ingredientes clave. No podía estar cómodo conmigo mismo porque no tenía la combinación adecuada. Es como abrir una de esas cerraduras de combinación que no funciona a menos que sepas *todos* los números.

Al final descubrí las partes que faltaban y mi autoestima ascendió de manera espectacular. Era agradable gustarme y respetarme. Supongo que soy lento en aprender porque tardé mucho en conseguirlo, pero siempre es mejor tarde que nunca y hay personas que jamás consiguen averiguar la combinación. Eso me lleva de nuevo a algunos de los motivos por los que escribí este libro: 1) Quería ayudar a otras personas a descubrir esa combinación y si podía ser, antes que yo; 2) opino que nuestra sociedad, que está centrada en uno mismo, nos ha bombardeado con mensajes equivocados; 3) Creo que necesito saber la diferencia entre adorarme a mí mismo y la autoestima y 4) creo que tengo un potencial increíble para obtener un éxito y un autorrespeto genuinos.

De hecho, los ingredientes de la autoestima son bien sencillos. El problema es que son muchas las personas con ideas y motivos diferentes que se han unido a los triunfadores y hacen que parezca mucho más complicada de lo que es en realidad. Y eso es porque muchos de ellos tenían que vender un programa nuevo. En primer lugar, la autoestima no es algo que se puede comprar. No podemos ir en su persecución, buscarla o encontrarla. Tal como ya he dicho antes, no podemos obtenerla de otras personas. La verdadera autoestima es un subproducto. Sentirse bien respecto a nosotros mismos es el resultado natural de hacer las cosas correctas y pensar los pensamientos correctos. A pesar de lo que nos dicen los expertos y los gurús que se han nombrado a sí mismos, la autoestima es parte de un proceso natural.

Y si es usted capaz de ser constante en las cuatro áreas siguientes de la vida, jamás tendrá que preocuparse por tener una saludable autoestima porque será su constante compañera.

1. Sea amable. Es imposible que nos sintamos bien con nosotros mismos cuando somos malvados, egoístas o insensibles. La manera de tratar a las demás personas tiene un efecto de espejo, o sea, que siempre nos devuelve ese reflejo a nosotros. Cuanto mejor tratemos a los demás, mejor nos sentiremos con nosotros. Cuanto más apoyemos y afirmemos a las personas, más creceremos como seres humanos. Recuerde, las personas buenas construyen sus vidas sobre una base de respeto.

2. Sea honorable. Todavía no he leído sobre alguna conexión entre honestidad y autoestima. Pero estoy convencido de que es absolutamente esencial. Podría usted seguir todos los cursos existentes de autoestima, pero si es deshonesto no tiene derecho a sentirse bien consigo mismo y le garantizo que eso no va a suceder. La integridad es la piedra angular de una autoestima elevada. Siempre que usted la tenga, será respetado por los demás y por sí mismo. Recuerde que la honestidad sigue siendo la mejor política.

3. Sea productivo. Uno de los «siete pecados capitales» en la religión católica es la pereza, lo que es igual a ociosidad o haraganería. Mis hijos solían llamar «babosas» a las personas que se quedaban sentadas sin hacer nada, o sea, haraganeando. Yo opino que es un término sensacional porque es bastante difícil sentirse bien respecto a uno mismo cuando se es una babosa. Ser productivo –aprender, planificar, alcanzar– es lo que desarrolla la autoestima. Recuerde que no existe sustituto alguno para el trabajo duro.

4. Sea positivo. Si nuestras cabezas están llenas de pensamientos negativos, no podemos sentirnos bien con nosotros mismos. Si tratamos a los demás con respeto, somos honestos y hacemos algo con nuestras vidas, necesitamos concedernos crédito. Es sano desarrollar una buena actitud hacia nosotros mismos, y recuerde que la actitud es una opción y una elección: la más importante que vaya a hacer o tomar nunca.

La autoestima es la reputación que tiene usted consigo mismo.

BRIAN TRACY

Capítulo 17

El cuerpo necesita nutrición y ejercicio y lo mismo les sucede a la mente y al espíritu

Mente, cuerpo y espíritu actúan en concierto para determinar la salud y el bienestar.

DR. CARL THORESEN

La vida es un número de equilibrismo

Hace miles de años, los antiguos chinos y más tarde los grandes filósofos griegos, examinaron la vida desde tres perspectivas: la física, la mental y la espiritual. Aunque no las interpretaron exactamente de la misma manera, sí estaban de acuerdo en su existencia y en que cada una era tan importante como la otra. También estaban de acuerdo en que cuando aprendemos a equilibrar estas partes de nuestra naturaleza crecemos en comprensión, nos volvemos más completos como seres humanos y vivimos más plenamente. Hoy en día, el problema es que son demasiadas las personas, sin tener en cuenta su edad, que intentan vivir vidas en una o dos dimensiones en un mundo tridimensional.

El motivo es que en los albores del siglo veintiuno, con todas sus maravillas tecnológicas, esas tres dimensiones de la vida se hacen algo borrosas. El mundo de la alta tecnología en que vivimos ahora hace posible ir a sitios, adquirir cosas y recibir información a una velocidad que casi marea y a pesar de que es fantástico y excitante, *tiene* su lado malo. Cuando más atrapados estamos en el ritmo increíblemente rápido y en las comodidades de la vida moderna, menos tiempo dedicamos a pensar. Es más fácil dejar que nuestros artilugios electrónicos lo hagan por nosotros y al final, acabamos preguntándonos cómo encontrar sentido a la vida.

Afortunadamente, el conocimiento de la historia y las filosofías antiguas sigue estando con nosotros, y los pensadores de la época moderna sugieren ahora que tenemos que prestar más atención a algunas de las grandes lecciones del pasado. Las antiguas enseñanzas que decían que tenemos que equilibrar las dimensiones físicas, mentales y espirituales de nuestras vidas tienen ahora más significado que nunca. Estamos descubriendo que por grande que sea nuestra tecnología, no puede producir felicidad y realización.

Hay que cuidar el cuerpo

Nuestro cuerpo es una máquina para vivir. Está organizado para eso; es su naturaleza. Dejemos que la vida entre en él.

LEON TOLSTOI

Hace unos años, me encontraba en una tienda cuando me fijé en un hombre que llevaba una camiseta que decía: «Si hubiera sabido que iba a vivir tanto, me hubiera cuidado más y mejor». Me hizo reír mucho, pero luego me fijé en ese hombre más de cerca y me di cuenta de que tenía más o menos mi edad. También sufría exceso de peso y parecía agotado, puede que tuviera resaca. Pensé: «Bueno, por lo menos es capaz de reírse de sí mismo». Pero sospecho que en su mensaje había un tinte de verdad. Probablemente *deseaba* haberse cuidado mejor.

En ningún otro momento de nuestra historia hemos sido más conscientes de los beneficios de cuidar nuestro cuerpo. Tenemos conocimientos sobre la nutrición y el ejercicio de los que hace diez años no disponíamos. Y hemos experimentado una genuina explosión del «fitness». Personas de todas las edades están prestando una atención mucho más estrecha a lo que entra en sus cuerpos y nos estamos volviendo más activos físicamente. Y vivimos unas vidas más largas, más sanas y más productivas.

La cruzada de la forma física es uno de los pocos movimientos que se ha hecho popular y a los que yo recomiendo que se suba la gente, pero para siempre, no sólo durante un corto periodo. Se le ha hecho mucha buena publicidad y hay gran cantidad de buena información a disposición de todo el mundo, así que no veo la necesidad de repetirla aquí. Ni tampoco veo el porqué de advertirle de los males del tabaco, las drogas y el alcohol. Tengo gran confianza en las personas que leen libros como este porque quieren tener éxito en la vida y son lo bastante inteligentes como para saber que eso no sucederá si envenenan sus propios cuerpos.

Sólo hay dos cosas que quiero recalcar respecto a la forma física. La primera es que tener una actitud práctica respecto al papel de su cuerpo ayuda mucho. No se trata de lo más esencial para usted, pero es el vehículo que lleva lo que sí es esencial. Si cuando consigue su primer automóvil le dijeran que será el único que va a tener, que tendrá que durarle toda la vida, sospecho que lo cuidaría de una manera excelente. Eso es lo que sucede con su cuerpo: es el único que va a tener, y si lo cuida, funcionará mejor y le durará más.

Segundo, aunque mantener el cuerpo en buen estado es importante, *no* es importante el aspecto que tenga comparado con otros cuerpos. No tiene usted que ser merecedor de aparecer en una revista de culturismo, o usar el traje de baño de moda, para estar en forma y sentirse bien consigo mismo. Parte de mi entrenamiento incluye algo de pesas, pero jamás tendré el aspecto de Arnold Schwarzenegger. Y eso es debido a que hay tantos tipos diferentes de cuerpos como de rostros. Preocuparse por el aspecto que tienen los cuerpos de los demás y cómo funcionan, no mejora la calidad de nuestras vidas. Cuidar el nuestro, sí lo hace.

Hay que cuidar la mente

La mente es un poco como un jardín o un huerto. Si no se cultiva y alimenta, las malas hierbas se apoderarán de él.

ERWIN G. HALL

Dudo mucho que alguien no esté de acuerdo en que un cuerpo funciona mejor cuando consigue la combinación adecuada de nutrición y ejercicio. Pero ¿qué pasa con la mente? En los últimos años no ha recibido la misma clase de publicidad que el cuerpo, pero también precisa nutrición y ejercicio para actuar con la máxima eficiencia. Si no prestamos atención a lo que sucede en ella y en cómo la utilizamos, empieza a atascarse.

Dieta mental

¿Cómo funcionaría su cuerpo si todo lo que comiera fueran helados, caramelos, repostería, patatas fritas y galletas y si todo lo que bebiera fueran refrescos? No me interprete mal, no estoy sugiriendo que se prohíban todas esas cosas. De hecho, a mí me gustan unas cuantas de estas «comidas divertidas», pero una dieta compuesta únicamente por ellas, sin los nutrientes que necesita el cuerpo, acabaría con uno.

¿Cómo funcionaría su mente si todo lo que leyera fuera prensa amarilla o prensa rosa, si todo lo que viera en televisión fueran telenovelas y programas cómicos, o si lo único que oyera fuera música rap y heavy metal, o si las únicas películas que viera fueran las de miedo o *Tontos más que tontos*? No estoy condenando nada de eso, pero ¿qué sucedería si fueran las únicas cosas que llegaran a su cabeza? Su mente se destruiría. El cerebro también necesita alimento.

Ejercicio mental

¿Cómo funcionaría su cuerpo si fuera un atleta del sofá; si su principal actividad del día fuera salir y meterse en la cama y su objetivo en la vida fuera convertirse en una perfecta «babosa»? Los músculos que no se utilizan se atrofian y se marchitan.

¿Cómo funcionaría su mente si la dejara usted en posición neutral la mayor parte del tiempo, si pensara que aprender es una palabrota, y «vegetar» fuera la idea que usted tiene de la estimulación mental? La mente que no se utiliza también se atrofiará.

Es obvio que los ejemplos que se dan aquí son ciertamente extremos. Los utilicé durante años con mis estudiantes de instituto y de universidad y siempre consiguieron arrancarles una carcajada. Pero también ayudaron a demostrar algo. Después de una clase, uno de mis estudiantes adultos me dijo: «Me alegro de haberlo hecho. Tenemos que prestar más atención a la basura que vertemos sobre nuestras cabezas, todos los días. Y sucede sin que ni siquiera nos demos cuenta de ello». *Eso* era lo que yo quería demostrar.

La industria de la publicidad nos ataca sin descanso, los medios de comunicación nos dicen todo lo que hay de malo en el mundo, el negocio del espectáculo nos proporciona gran abundancia de basura y a nuestro alrededor tenemos gente que se queja muchísimo. Esa no es exactamente una dieta mental sana. Pero recuerde, vivimos tal como elegimos vivir. Necesitamos ser igual de selectivos respecto a lo que entra en nuestras mentes como lo somos respecto a lo que entra en nuestros cuerpos. No podemos controlar toda la basura, pero sí *podemos* darnos más cuenta de ello y aprender a eliminar o a no dejar entrar gran parte de ello.

También podemos adoptar la costumbre de asegurarnos de que en nuestras mentes entren cosas sanas. Un amigo mío, mayor y más sabio, me dijo hace ya varios años que él empieza cada día con una nota positiva. Cada mañana reserva tiempo para leer algo que sea optimista y que provoque los pensamientos. Dice que no sólo le ayuda a concentrarse en lo que hay de bueno en la vida sino que también le sirve para filtrar un montón de lo negativo. Poco después empecé a hacer lo mismo. Y ¿sabe qué? ¡Funciona! Probablemente sea mi mejor costumbre.

Nosotros hacemos dos elecciones importantes respecto a nuestras mentes:

1. Lo que dejamos que entre en ellas.
2. Cómo las utilizamos.

Podemos dejar entrar las cosas adecuadas, seleccionando lo que leemos, oímos y vemos y asociándonos con las personas adecuadas. Podemos utilizar nuestras mentes para pensar, solucionar problemas, aprender y ser creativos. Alguien dijo una vez que la mente es una cosa que es terrible desperdiciar. ¿Por qué ha de querer alguien desperdiciar un instrumento tan maravilloso? Cuando se le nutre y se utiliza constructivamente, puede ayudarnos a apreciar y a vivir la vida más plenamente.

Hay que cuidar el espíritu

En la librería de la vida, Dios es una útil palabra de referencia, siempre a mano pero que raras veces se consulta.

DAG HAMMARSKJOLD

Estas dos primeras dimensiones de la vida –la física y la mental– son fáciles de comprender. Son más obvias porque, cada día, nos damos cuenta de que utilizamos nuestros cuerpos y nuestras mentes. Comprender nuestra naturaleza espiritual no es tan sencillo. En primer lugar, es menos obvia. A menudo *no* nos damos cuenta de ella. En segundo lugar, la palabra espiritual significa cosas diferentes para personas diferentes.

Por todo ello, debería usted saber de dónde vengo yo. Unas de mis mayores luchas ha sido el solucionar los problemas espirituales de la vida, así que he pasado por todo el panorama. En diversas fases he sido agnóstico, católico, ateo, humanista, protestante, una mezcla de algunas de las grandes religiones orientales. He estudiado el judaísmo, el islam y el hinduismo y pasé un año dedicado a la meditación. Y en otras épocas, me limitaba a creer lo mismo que la última mujer atractiva a la que había conocido. Pero eso tampoco funcionó y seguía estando vacío. Así que, obrando en consecuencia, seguí buscando.

¿A dónde me llevó todo eso? A las enseñanzas de Jesucristo. Me convertí en cristiano cuando tenía treinta y nueve años y fue una decisión que me cambió profundamente la vida. Hasta el día de hoy sigo estando asombrado de la manera en que las partes de una vida fragmentada se reunieron por fin. Aunque no seré nunca capaz de explicarlo del todo, creo en un Dios que es lo bastante poderoso como para crear el universo y, sin embargo, es lo bastante personal para querer una relación íntima con cada uno de nosotros. Pertenezco a una gran iglesia y asisto a ella regularmente. Estudio la Biblia e intento aplicar sus principios a mi vida. Creo en un lugar llamado cielo y espero estar allí algún día.

Pero también tiene usted que saber que no creo ser un santo, no soy sagrado ni tengo todas las respuestas. No siempre consigo aplicar todos esos principios bíblicos y no voy por ahí preguntándole a la gente si ha sido «salvada» o «ha vuelto a nacer». Estoy muy lejos de ser perfecto, pero estoy haciendo progresos y no me importa admitir que necesito la ayuda de Dios para seguir en el buen camino.

Me doy cuenta de que muchos de mis lectores no tienen las mismas creencias, pero eso no es ningún problema. Durante varios años di un curso en la Universidad de San Francisco sobre las religiones del mundo. Esa experiencia y mi propia búsqueda de una paz interior me ayudó a desarrollar un gran respeto por lo que creen o no creen las demás personas. Y un dogma básico de mi propia fe es no juzgar a los demás. Por otro lado, yo no he escrito este libro sólo para las personas que comparten mi fe, sino para las que quieran sacar el mayor partido a sus vidas. No estoy diciendo que tenga que creer lo que yo creo a fin de ser feliz. Lo que *estoy* diciendo es que puede enriquecer enormemente su vida si explora y desarrolla su naturaleza espiritual.

Cuando Mikhail Gorbachov concedió la libertad religiosa a la gente de la Unión Soviética a principios de 1990, dijo que lo hacía a causa de lo que había visto en otros países. Dijo que las personas que practican su fe y viven de acuerdo con sus principios parecen disfrutar de la vida a un nivel más profundo. A los rusos les costó setenta y cinco años descubrir eso, a mí me costó treinta y nueve. Espero y confío que a usted le cueste menos.

El motivo de que nuestra naturaleza espiritual sea frecuentemente ignorada

Estas son las razones más comunes y corrientes por las que la gente evita tener nada que ver con la espiritualidad o la religión:

* No tiene experiencia o conocimiento de ella.
* Malas experiencias previas (*especialmente que le hayan arrastrado a la iglesia siendo niño*).
* Las cosas van bien, no veo la necesidad.
* No creo en Dios.
* Creo en Dios, pero no en la religión organizada.
* No me gusta la manera en que se comportan algunas personas que van a la iglesia; son unos hipócritas.
* Los predicadores que aparecen en la televisión me desaniman y me aburren, además son unos estafadores.
* La iglesia es aburrida.
* Dios (*la religión*) es un escape de la realidad.

Yo no sólo he escuchado estas excusas, sino que *he utilizado* la mayoría de ellas. No tengo el propósito de rebatirlas todas en este momento, pero sí quiero hablar de la última.

Volverse completo

Cuanto más completos e integrados nos volvemos, mejor nos sentimos con nosotros mismos y con la vida en general. Un paso importante en esa dirección es librarnos de la idea de que cualquier cosa que pertenezca a Dios implica un escape de la realidad o un intento de seguir el camino fácil de salida. Creo que es precisamente lo contrario. La exploración de nuestra naturaleza espiritual es un movimiento *hacia* convertirnos en un ser completo, no para escapar de ello. Y no tiene nada de fácil. Es mucho más difícil explorar las profundidades de nuestras almas que descartar toda nuestra naturaleza espiritual. Lo que es fácil es ignorar a Dios y rechazar toda religión con unas explicaciones tontas de por qué no funciona. Scott Peck, en *The Road Less Traveled* dice que «... el viaje del crecimiento espiritual exige valor, iniciativa e independencia de pensamiento y acción». Añade que a menudo es solitario y difícil porque vivimos en una sociedad que quiere respuestas rápidas y fáciles, incluso a las preguntas y cuestiones más complejas de la vida. Pero la vida es difícil y eso incluye a la parte espiritual.

Un libro que tuvo un profundo efecto sobre mi pensamiento respecto a la parte espiritual de la vida fue *No Man Is An Island*, de Thomas Merton. Lo leí en un momento en que me estaba sintiendo fragmentado, a la vez que vacío, y me ayudó a comprender el motivo. Merton dice que a menudo concentramos nuestras vidas en la satisfacción inmediata de las cosas materiales. Ignoramos nuestra naturaleza espiritual porque no es algo que podamos ver o tocar, así que pensamos que no es real. Merton cree lo opuesto. Piensa que la vida espiritual es parte de nuestra búsqueda del verdadero yo. Es lo que nos sostiene y nos da esperanza cuando las cosas materiales pierden su significado. Merton me ayudó a darme cuenta de que necesitaba poner en orden mi vida espiritual antes de que pudiera sentirme íntegro y completo.

Dag Hammarskjold, el ganador del Premio Nobel de la Paz que fue Secretario General de la Naciones Unidas desde 1953 a 1961, escribió que la búsqueda de Dios no es un escape sino una realización, la única manera de comprender realmente la vida. Él pensaba que una relación con Dios era necesaria para superar nuestro propio interés y para desarrollar el conocimiento que nos ayuda a ser seres humanos completos. Cuando empezamos a vivir en esa relación con Dios, también empezamos a vivir para los demás. Lo hacemos, dice, a fin de salvar nuestra alma, a la vez que nuestra autoestima.

Me doy cuenta de que se trata de cuestiones muy serias, especialmente si nunca ha pensado usted mucho en su vida espiritual. Hubiera sido más fácil y seguro dejar fuera este tema, pero es demasiado importante y no sería fiel a mí mismo si no lo incluyera. Quiero insistir a mis lectores tal como lo hacía con mis estudiantes, que deben desarrollarse a sí mismos al máximo y no creo que eso pueda suceder si se ignora la parte espiritual de la vida. No tiene que ser así porque parte de la sabiduría más valiosa y práctica que el mundo ha conocido jamás sigue estando registrada en los grandes libros sagrados de la historia. Durante miles de años han ayudado a la gente a comprender que existe una relación entre el desarrollo espiritual, el carácter y el bienestar general.

El espíritu, igual que sucede con el cuerpo y la mente, necesita ser alimentado y ejercitado. Puede ser alimentado buscando respuestas a las preguntas más difíciles y duras de la vida: ¿De dónde vengo? ¿Por qué estoy aquí? ¿A dónde voy? Al buscar las respuestas, no sólo alimentamos y desarrollamos nuestra naturaleza espiritual, sino que hacemos importantes descubrimientos sobre la vida y sobre nosotros mismos. Uno de estos descubrimientos es que los valores consagrados por el tiempo de honestidad y amabilidad residen en el corazón de todas las grandes enseñanzas espirituales. No hay mejor manera de ejercitar el espíritu.

Aquellos que han crecido más espiritualmente son aquellos que son expertos en vivir. Y todavía hay otra alegría aun mayor. Es la alegría de la comunión con Dios.

M. SCOTT PECK

Capítulo 18

Fracasar está bien, a todo el mundo le sucede

Si está dispuesto a aceptar el fracaso y a aprender de él, si está dispuesto a considerar el fracaso como una bendición disfrazada y reaccionar, tiene usted el potencial necesario para aprovechar una de las fuerzas con más poder del éxito.

JOSEPH SUGARMAN

Todo el mundo fracasa

Por fin, voy a escribir sobre un tema en el que soy un experto: el fracaso. Sin embargo, no estoy solo porque todo el mundo fracasa. No algunos, no casi todos, sino todo el mundo. Pregunte a las personas de más éxito que conozca si alguna vez han fracasado en algo y recibirá dos respuestas. La primera será una sonrisa reflexiva o una carcajada. La segunda será una pregunta parecida a: «¿De cuál de mis fracasos querrías que te hablara?» Fracasar es un hecho de la vida, una parte necesaria del proceso al que nadie escapa. Lo que importa no es *si* fracasamos, sino *cómo* fracasamos. La diferencia entre las personas que tienen éxito en la vida y las que no lo tienen no se encuentra en el número de veces que fracasan sino en lo que hacen *después* de fracasar.

Dos fracasos famosos

Empecé a leer biografías cuando tenía doce años. Después de hacer un doctorado en historia en la universidad, esa costumbre aumentó de manera significativa. En la actualidad sigo leyendo biografías porque descubrí que son los mejores libros jamás escritos sobre el tema del éxito. Pero no son sólo sobre el éxito sino también sobre el fracaso. Y eso es porque todas las personas que se han hecho famosas por sus logros también han probado la amarga derrota y decepción. Nadie tuvo éxito sin haber fracasado primero. La clave era la manera en que utilizaban sus fracasos.

Dos de los más famosos fracasos que se me ocurren son Albert Einstein y Thomas Edison. Mucho antes de que fueran honrados por sus logros pasaron años de pruebas y errores, equivocaciones, desengaños, frustración y derrota. Ninguno de ellos se hubiera convertido en el éxito que fue si no hubiera estado dispuesto a aprender de sus reveses y a seguir intentándolo en momentos de adversidad. Los fracasos de estos dos grandes hombres no son tan bien conocidos como sus logros, pero resultan igual de importantes.

Cuando Edison estaba buscando maneras de mantener encendida una bombilla, probó más de diez mil combinaciones de materiales que fallaron. Cuando alguien le preguntaba cómo podía seguir adelante después de fracasar tantas veces, decía que él no lo consideraba un fracaso. Decía que había identificado con éxito más de diez mil maneras en que no funcionaban y que cada intento lo acercaba más al que sí funcionaría. Einstein, que tiene fama de ser la persona más inteligente que jamás ha vivido, decía «Pienso y pienso durante meses y años. En el noventa y nueve por ciento de los casos la conclusión es falsa. Cuando llego a cien, tengo razón».

Fracasar es un resultado natural de intentar las cosas. El éxito es muy extraño que llegue al primer intento y si pensamos que sí lo hace, lo que estamos haciendo es exponernos a una gran caída, una que puede impedir que nos levantemos y lo volvamos a intentar de nuevo. El éxito llega únicamente como resultado de tiempo, determinación y un esfuerzo prolongado. Edison y Einstein son ejemplos perfectos. A ambos se les llamaba genios, pero a ninguno de los dos le gustaba ese título. Recuerde que fue el propio Edison el que nos dio esa famosa definición del genio: «Un uno por ciento de inspiración y noventa y nueve por ciento de sudor». El problema es que en la actualidad son demasiadas las personas que no están dispuestas a sudar lo bastante, ni quieren sudar en absoluto. Quieren su éxito al instante, pero es muy raro que llegue de ese modo. Primero tenemos que estar dispuestos a fracasar.

Lo que podemos aprender del fracaso

Divido el mundo entre personas que aprenden y las que no aprenden. Hay personas que aprenden y que están abiertas a lo que sucede a su alrededor, que escuchan, que atienden las lecciones. Cuando hacen algo estúpido, no vuelven a hacerlo. Y cuando logran algo que funciona un poco, lo hacen aun mejor y de una manera más difícil la próxima vez. La pregunta que hay que plantear no es si usted es un éxito o un fracaso, sino si es, o no, una persona que aprende.

BENJAMÍN BARBER

El fracaso es uno de los más grandes maestros de la vida. O sea, *puede* serlo si decidimos aprender de él en lugar de dejarnos aplastar por él. Estas son algunas de sus mejores lecciones:

- El fracaso nos enseña humildad. Nos enfrenta a nuestras limitaciones y nos demuestra que no somos invencibles.
- El fracaso nos enseña a corregir nuestro curso de acción. Nos obliga a fijarnos en lo que estamos haciendo y nos da la oportunidad de probar una nueva dirección.
- El fracaso nos enseña que no siempre podemos tener lo que queremos. En ocasiones, incluso cuando hacemos todas las cosas correctas, sigue sin funcionar.
- El fracaso nos enseña la fuerza de nuestro carácter. Nos desafía a rebuscar más a fondo en nuestros recursos cuando sufrimos reveses.
- El fracaso nos enseña a perseverar. Nos pregunta si vamos a abandonar o a ser más determinados y a seguir intentándolo.
- El fracaso nos enseña que somos capaces de sobrevivir a la derrota. No hay vergüenza alguna en fracasar, sólo la hay en tener miedo a volver a ponerse en pie e intentarlo de nuevo.

Hay una cosa más que podemos aprender del fracaso y es la lección más valiosa de todas. El fracaso puede hacernos más fuertes. Ese es el tema de un libro maravilloso que descubrí cuando estaba trabajando en el primer borrador de este libro. Se titula *When Smart People Fail* y sus autoras son Carole Hyatt y Linda Gottlieb. Las autoras, que han experimentado y superado terribles reveses, querían conocer la manera en que otras personas se habían enfrentado al fracaso. Entrevistaron a casi doscientas personas, muchas de ellas famosas, que también habían padecido derrotas importantes. A pesar de que la lectura de los fracasos de la gente no parece exactamente una experiencia positiva, era exactamente eso. En lugar de un libro desalentador, es esperanzador y a mí me resultó tremendamente inspirador. Hizo que me diera cuenta de que yo no había dejado de aporrearme a mí mismo por equivocaciones del pasado y me ayudó a concentrarme en lo que había aprendido de ellas.

Uno de los puntos principales del libro es que la mayor parte de las personas no se dan cuenta de que ocultas en nuestros fracasos, hay fuentes de crecimiento y de fuerza renovada. Es demasiado frecuente que no veamos los beneficios que pueden llegar después de haber caído de bruces. Necesitamos aprender, especialmente cuando somos jóvenes, que el fracaso es algo de lo que no debemos avergonzarnos. La verdadera fuerza procede del descubrimiento de que no podemos únicamente sobrevivir sino crecer. Una de las personas a quien Hyatt y Gottlieb entrevistaron fue el doctor Keith Reemstma. Se trata de un cirujano que durante años ha estado intentando encontrar una cura para la diabetes, pero sigue sin hallarla. ¿Qué es lo que hace que siga buscándola? Dice: «Yo nunca pienso en lo que hago como en un fracaso. Sólo es un resultado incompleto. Siempre tengo presente lo que estoy intentando conseguir y cada experimento me enseña un poco más sobre lo que he hecho mal». ¡Qué actitud más sensacional!, parece Edison. Aprender que podemos superar la derrota nos hace más fuertes, más sabios y más duros. También nos da esperanza.

El fracaso nos da opciones

La cuestión no es *si* vamos a fracasar, porque todos lo hacemos. La cuestión es *cómo* vamos a hacerlo. Tenemos dos opciones.

1. La manera equivocada de fracasar

Hay dos errores comunes y corrientes que cometemos respecto al fracaso. El primero es intentar evitarlo con demasiado ahínco. Si tenemos miedo de fracasar, actuamos con tantas medidas de seguridad que jamás corremos riesgo alguno. Pero el riesgo es una parte importante del éxito, a la vez que una condición necesaria del crecimiento. Marva Collins, una extraordinaria profesora natural de Chicago, que había ayudado a miles de niños a salir de unas condiciones terribles, tenía un dicho favorito: «Si no eres capaz de cometer una equivocación, no eres capaz de hacer nada». Si no estamos dispuestos a correr el riesgo de fracasar, no nos merecemos el éxito. El éxito no viene *hacia* nosotros, tenemos que salir y conseguirlo. Eso implica jugarnos un poco el cuello. No correr el riesgo de fracasar es el peor error de todos.

La segunda equivocación que cometemos es permitir que el fracaso nos derrote. Nos enfadamos, sentimos frustrados, decepcionados, desanimados y con demasiada frecuencia, nos rendimos y lo dejamos correr. No estoy diciendo que estos sentimientos no sean válidos o reales. No hay nada de malo en sufrir después de un gran fiasco, pero el sufrimiento no debería destruirnos sino ayudarnos a comprobar nuestro nivel de determinación y nuestra resolución de volver a intentarlo. Hace miles de años Confucio dijo: «Nuestra mayor gloria no está en no caer nunca, sino en levantarnos cada vez que caemos».

2. La manera correcta de fracasar

En la primera página del capítulo 1 expongo que nuestro éxito viene determinado, en su mayor parte, por lo que hacemos *después* de fracasar. He aquí tres sugerencias para enfrentarnos a los fracasos más importantes de la vida. Primero, encuentre a alguien a quien usted considere sabio. Y luego hable con esa persona. Desahogará sus sentimientos de una manera sana, averiguará qué ha aprendido su amigo de los fracasos, sabrá con seguridad que no está solo en esto y le animará a que vuelva a intentarlo. Luego, vuelva a la mesa. Literalmente, o sea, siéntese y empiece a escribir: respecto a lo que hizo usted, a cómo se siente, sobre su objetivo y sobre lo que va a hacer a continuación. Se sorprenderá al ver lo que acaba por aparecer en ese papel. En tercer lugar, lea sobre algunos de los fracasos de más éxito en nuestra historia. Conocer las historias de personas como Lincoln, Edison, Gandhi, Martin Luther King, Jr., Lee Iacocca y otros fracasos de hombres famosos puede llenarnos de esperanza.

«Fuerte en los lugares rotos»

Cerca del final de *Adiós a las armas*, la famosa novela de Ernest Hemingway sobre la Primera Guerra Mundial, este escribió: «El mundo rompe a todas las personas, y luego hay muchos que son fuertes en los lugares rotos». El mundo, es cierto, rompe a todas las personas y habitualmente no sólo una vez. Pero a nosotros nos sucede igual que a un hueso roto que se vuelve aun más fuerte cuando se regenera. Todo depende de nuestra actitud y nuestras opciones, o de las decisiones que tomamos. Podemos volvernos más fuertes en nuestros lugares rotos si elegimos aprender de nuestras equivocaciones, corregir nuestro rumbo y volver a intentarlo. Nuestros fracasos en la vida, por dolorosos que sean, pueden ser nuestras experiencias de aprendizaje más valiosas y nuestra mayor fuente de fuerza renovada. Como el general George S. Patton decía: «El éxito es lo alto que uno rebota después de tocar fondo».

No tenga miedo de fracasar. No pierda energías intentando tapar el fracaso. Aprenda de sus fracasos y pase al siguiente desafío. Fracasar está bien. Si no fracasa no crecerá.

H. STANLEY JUDD

Capítulo 19

La vida es más sencilla cuando conocemos lo que es esencial

Y ahora he aquí mi secreto, un secreto muy sencillo: Sólo con el corazón se ve correctamente, lo que es esencial es invisible para el ojo.

El principito,
ANTOINE DE SAINT-EXUPERY

Unas cuantas reglas sencillas

Hace miles de años un hombre sabio llamado Confucio dijo que la vida es en realidad muy sencilla y que se vuelve complicada sólo porque insistimos en hacer que lo sea. En épocas más recientes, un hombre brillante llamado Einstein dijo que necesitamos que nos recuerden que incluso Dios toma siempre los caminos más sencillos. Aunque vivimos en un mundo complejo, eso no quiere decir que tengamos que llevar unas vidas complicadas. Pero a menudo lo hacemos porque pasamos demasiado tiempo luchando con las complejidades de la vida, al tiempo que ignoramos sus simplicidades.

Cuando yo era un novato en la universidad conocí a Hal DeJulio, alguien que había encontrado la manera de simplificar y maximizar su vida. Era un antiguo alumno de éxito al que le gustaba volver a la universidad a visitar a los estudiantes. Era uno de esos raros individuos que lo hacen todo con pasión. Estaba lleno de energía y entusiasmo, tenía una actitud positiva increíble y se reía muchísimo. Era alguien que elevaba el ánimo, alguien que siempre era optimista y tenía algo bueno que decir. A medida que entablamos amistad, me fui volviendo más y más curioso respecto a él. Así que un día le pregunté: «¿Cómo consigue ser así? ¿Qué es lo que le impulsa?» Respondió que justo al salir de la universidad había empezado a ganar un buen dinero en ventas y que al cumplir los treinta se encontró ya atrapado en la vía rápida. Cuanto más dinero ganaba, más empezaba a cambiar su vida. Descubrió que amasar dinero no lo era todo y que necesitaba lograr algo que le ayudara a mantener sus prioridades en debido orden.

Así que se tomó algo de tiempo libre e hizo una lista de lo que era importante para él. Su lista original tenía varias cosas, pero cuanto más la examinaba, más corta se volvía. Por fin, la redujo a seis cosas. Sacó su cartera y me enseñó una tarjetita que guardaba en su interior. Dijo: «Una vez que la reduje a seis, las escribí en esta tarjeta con el título: SENCILLAS REGLAS DE VIDA. Me prometí a mí mismo que las miraría cada día y viviría el resto de mi vida de acuerdo con estas reglas». Ahora, cuando casi tenía ochenta años, seguía guiándose por estos principios tan sólidos como rocas y todavía sentía pasión por la vida. Nunca me enseñó su lista, pero me animó a escribir la mía propia antes de salir de la universidad.

¿Lo hice? ¡No-o-o-o! No la necesitaba porque creía que lo tenía todo bajo control. Pero no era así y me encontré a la edad de treinta y nueve años haciéndome la pregunta: «¿Qué es importante? ¿Cuáles son mis propias SENCILLAS REGLAS DE VIDA?» Así que veintidós años después de que me hablara de su lista, yo escribí la mía. También se ha ido reduciendo hasta llegar a seis cosas. Hasta el día de hoy, no sé si mis reglas son las mismas que las de Hal –de hecho nunca llegué a ver su lista– pero sospecho que ambas son similares. Mi lista no está en mi cartera, pero la miro todos los días y me prometí a mí mismo que intentaría vivir de acuerdo con estas sencillas reglas. Y ¿sabe qué? ¡Funcionó! Y sigue funcionando.

Usted ya ha leído sobre las seis reglas en los capítulos anteriores, así que por este lado no hay aquí nada nuevo. Se trata únicamente de mi manera de reducir la vida a lo más esencial, a esas cosas que sólo pueden verse y comprenderse con el corazón.

Lo que es esencial

1. Elija tener una **BUENA ACTITUD**, sean cuales sean las circunstancias. Tenga siempre un punto de vista positivo sobre la vida y sea agradecido *siempre*.

2. Construya su vida sobre una base de **RESPETO**. Ame a Dios, a su familia y a sus amigos y sea amable con los demás. Haga que lo mejor de cada persona, incluido usted mismo, salga al exterior.

3. Convierta la integridad en la piedra angular de su vida. Siga las reglas, juegue limpio y **SEA HONESTO** en todas las cosas.

4. Acepte las dificultades y desafíos de la vida. **TRABAJE MUCHO** en todo lo que haga y si fracasa, inténtelo de nuevo.

5. Sienta pasión por **APRENDER**. Cuanto más descubra sobre la vida y el mundo, más completo y realizado se volverá. Haga que sea un proceso que dure toda su vida.

6. Disfrute de la vida. Recuerde que necesita jugar y divertirse. Y más que cualquier otra cosa, necesita usted **REÍR**.

Uno no puede participar en este misterioso acto de vivir sin tener esperanza alguna de satisfacción, a menos que entienda unas cuantas reglas sencillas.

OG MANDINO

Capítulo 20

La regla esencial número uno es ser una buena persona

Haz todo el bien que puedas, por todos los medios que puedas.

JOHN WESLEY

Una sencilla razón para ser bueno

Cuando yo era un niño pequeño, mi comportamiento siempre parecía mejorar cuando llegaba la Navidad y de una manera sutil y no tan sutil, se nos decía que habría recompensas por ser buenos. Una canción familiar nos recordaba una y otra vez que Santa Claus estaba de camino y que sería mejor que tuviéramos cuidado porque él lo sabía todo sobre nosotros. Incluso sabía si estábamos dormidos o despiertos. Pero lo más importante era que conocía si estábamos siendo buenos o malos. Eso era algo muy serio. Si queríamos encontrar una montaña de regalos la mañana de Navidad debíamos ser buenos.

Durante el resto del año se nos daban otras dos razones para ser buenos. Una de ellas era el miedo al castigo. Si nos portábamos mal, íbamos a pagar por ello, ya fuera negándonos una actividad favorita o dándonos una buena zurra. Y a veces las dos cosas. La otra razón para ser buenos era sencillamente que *debíamos serlo*. Se nos decía que obedeciéramos las reglas, que fuéramos educados y que demostráramos respeto por los derechos y la propiedad de los demás. No se nos daba una opción y ni siquiera era discutible. Sencillamente, se suponía que teníamos que ser buenos.

Hoy en día ¿las razones para ser buenos son diferentes? Podemos conseguir que nos recompensen por hacer buenas cosas, tanto si estamos en Navidades como si no; podemos ser castigados y hay gran cantidad de recordatorios alrededor nuestro que nos dicen que se *supone* que hemos de ser buenos. Así que las recompensas externas, el miedo al castigo y una sensación de deber siguen siendo razones válidas para ser buenos. Pero no son las únicas. Hay otra razón que es mucho más básica y muchísimo más importante.

Ser bueno es el ingrediente más esencial de la salud emocional y espiritual

Como seres humanos, necesitamos ser buenos. Eso puede que parezca tan sencillo y tan obvio que se esté preguntando por qué termino el libro con eso. Pero una de las equivocaciones que cometemos más habitualmente es pasar por alto las verdades más sencillas y más grandes de la vida. Yo lo hice durante muchos años. Me costó mucho tiempo percibir una de las verdades más sencillas de todas: que existe una relación entre la bondad a la antigua y nuestra salud y bienestar. Tristemente, son demasiadas las personas que nunca lo ven así. Espero y confío en que usted sí lo haga y espero con todo mi corazón que este libro le ayude, porque la bondad a la antigua es la esencia de cada una de sus páginas.

¿Qué quiero decir cuando hablo de bondad a la antigua? Quiero decir vivir de acuerdo con los grandes valores morales que han estado con nosotros desde que se creó al mundo. Estos valores consagrados por el tiempo son las preciosas directrices que traen orden y dan significado a nuestras vidas y nos ayudan a convertirnos en la clase de personas que se suponía que debíamos ser. Vivir de una manera moralmente recta es la única manera de que podamos convivir en paz con los demás y con nosotros mismos. Ese es el motivo de que la regla esencial número uno sea el ser una buena persona.

Sólo una vida de bondad y de honestidad nos deja sintiendo que somos humanos y que estamos espiritualmente sanos.

HAROLD KUSHNER

Conclusión

Hace casi dos mil años, San Pablo escribió una carta a sus amigos de Filipos. Les dijo que rezaba para que sintieran un amor que estuviera lleno de conocimiento y de perspicacia. Luego añadió: «Quiero que sean siempre capaces de reconocer lo más elevado y lo mejor... Quiero que vean sus vidas llenas de verdadera bondad...».

Confío que este libro le haya ayudado a *usted*, lector, a reconocer lo más elevado y lo mejor en el mundo, en los demás y en sí mismo. Y mi plegaria para usted es que su propia vida esté llena de verdadera bondad.

Printed in the United States
By Bookmasters